EL MANDAMIENTO PERDIDO
ÁMATE
A TI MISMO

Conozco a Jerry y Denise desde hace casi tres décadas. Estos dos académicos convertidos en consejeros bien entrenados conocen los corazones sufrientes y el corazón de Dios como pocos. En *El Mandamiento Perdido: Ámate a Ti Mismo*, colocan la salud emocional y espiritual sobre una base sólida de amor: para Dios, para los demás y para uno mismo.

—Gary W. Moon, MDiv, PhD, director ejecutivo, Centro Dallas Willard para la Formación Espiritual Cristiana; autor, *Apprenticeship with Jesus*

Jerry y Denise Basel están viviendo de manera profunda lo que un movimiento creciente de autores, compositores, teólogos y gente común se ha atrevido a expresar, creer y probar. Es la Buena Noticia Original, dirigida a las mentiras que nos hemos estado diciendo sobre nosotros. Los Basel muestran con una confianza encantadora el asombroso amor del Padre; lo cual solo nos permite amarnos honesta, profunda y maravillosamente.

—John Lynch, Bruce McNicol y Bill Thrall, coautores más vendidos, *The Cure*, *Bo's Cafe* y *The Ascent*

Cuando lees *El Mandamiento Perdido: Ámate a Ti Mismo*, necesitas estar listo para una cirugía a corazón abierto. Mientras lo leía, sentí que las manos invisibles de la gracia aliviaban el dolor y el entumecimiento de mi corazón. Si quieres vivir de todo tu corazón y sentir a Jesús viviendo a través tuyo y en ti, entonces este libro es imprescindible.

—Pablo Giacopelli, entrenador de tenis profesional en el WTA Tour; autor, *Holding On Loosely* y *The Modern Fig Leaf*

El mensaje del amor del Padre es increíblemente importante en este momento. Jerry y Denise Basel llevan una unción clara para llevar este mensaje a los heridos y quebrantados. Poseen una gran conciencia de la necesidad de un ministerio en esta área, no solo porque tienen una amplia experiencia en asesoramiento y enseñanza, sino también porque ellos mismos viven cerca del corazón de Dios.

—Billy Humphrey, director, International House of Prayer Atlanta; autor, *To Know Him*

Escrito desde la visión compasiva de consejeros experimentados, Jerry y Denis nos guían cuidadosamente a través de los diversos temas de la vida y hacia los brazos expectantes del Padre. Lleno de una visión bíblica precisa, testimonios conmovedores, consejos profesionales y ejercicios prácticos, esta es realmente una lectura enriquecedora.

—Ed Piorek, Father Loves You Ministries;
autor, *Father Loves You* y *The Central Event*

El Mandamiento Perdido: Ámate a Ti Mismo es una lectura obligada para cada persona interesada en profundizar en el amor íntimo y personal que nuestro Padre celestial tiene por nosotros. Amarnos a nosotros mismos de manera saludable es simplemente estar de acuerdo con cómo Dios ya nos ama. Jerry y Denise han hecho un trabajo increíble al comunicar esta verdad simple pero profunda.

—Barry Adams, Father Heart Communications; orador;
autor, *Father's Love Letter*

En *El Mandamiento Perdido: Ámate a Ti Mismo*, Jerry y Denise te llevan a una expedición del corazón que te ayudará a descubrir quién eres realmente: la persona gloriosa que Dios ha creado y a quien verdaderamente ama.

—Gary Barkalow, fundador, The Noble Heart;
autor, *It's Your Call: What Are You Doing Here?*

Este libro no es solo información: es un camino guiado hacia la curación, la restauración, la integridad, el perdón de uno mismo y la libertad de la vergüenza. Los Basel escriben con simplicidad, usando escritura narrativa y llena de gracia basada en sus experiencias personales y los testimonios de otros. Este trabajo es imprescindible para todos los pastores y consejeros, y para las personas que buscan un camino sólido para liberarse de las heridas y mentiras que las han atrapado. Seguramente será un compañero para mí para reflexionar sobre mi propio viaje y aconsejar a otros.

—Tom Colwell, director de cuidado pastoral, Credential Holders and Pastors,
Pentecostal Assemblies of Canada, Western Ontario District;
cofundador de Men of Life Ministries, Canadá

Estoy tan entusiasmado con este libro que las palabras me fallan. No creo haber leído algo así: personal y didáctico al mismo tiempo con una sencilla fluidez. Me sentí como si estuviera sentado en la sala de consejería hablando con Jerry y Denise. Su sencillo estilo para hablar y llegar al meollo del asunto fue muy bueno. Pensé en mis clientes en el centro de adicciones y puedo verlo transformando vidas.

-Dr. Bill Curnow, LIFE Coaching International, Wyoming, Michigan

Finalmente, tengo un libro único y sólido para darles a los clientes que puede ayudarlos a abordar la cuestión real bajo los problemas. Todos necesitamos conocer el profundo amor del Padre por nosotros de manera experiencial para ser libres y ser lo que él hizo de nosotros, capaces de amar y vivir plenamente, porque nuestros corazones están completamente convencidos de que somos seres humanos amables, dignos y valiosos. Recomiendo este libro de corazón.

—Lorraine Wrage, M.Ed., consejera profesional licenciada; terapeuta sexual certificada

El Mandamiento Perdido: Ámate a Ti Mismo es una joya para cada seguidor de Cristo, especialmente aquellos llamados a ayudar a otros en el camino hacia la curación interior. Jerry y Denise han articulado cuidadosamente el corazón del Padre sobre el tema de amarnos a nosotros mismos. Si eres pastor, debes leer este libro para reflexionar personalmente y descubrir más profundamente la asombrosa gracia de Dios. Este libro también se convertirá en una herramienta poderosa en las manos de los miembros de su iglesia, ya que ellos también buscan amar lo que Dios ama: ellos mismos. Su iglesia tendrá una mayor medida del amor de Dios para ofrecer a un mundo herido, quebrantado y perdido.

—Greg Mayo, pastor principal, Cornerstone Church of Augusta

Este libro toca los lugares profundos del corazón, completando una pieza faltante de formación espiritual que la iglesia ha descuidado en gran medida. Los Basel nos dirigen hacia el Dios Padre, ayudándonos a vernos como él nos ve. Con gracia y verdad, nos muestran el camino para experimentar la curación interior y comprender el corazón del Padre hacia nosotros. Si buscas un recurso que te ayude a experimentar el amor del Padre de una manera profunda y fresca, ¡sin duda es este!

—Rick Mailloux, Pastor (retirado), Brethren in Christ Church

Uno de los grandes obstáculos para que las personas reciban el amor del Padre es su incapacidad para verse a sí mismos como él los ve. Jerry y Denise hacen un trabajo magistral para ayudar a los lectores a encontrar un camino de curación del odio a sí mismo y la baja autoestima que muchos han sufrido durante toda la vida. *El Mandamiento Perdido: Ámate a Ti Mismo* no debe ser ignorado.

—Roger y Gerri Taylor, cofundadores, Places In The Father's Heart, Inc.; coautores, *Our Glory Stories* y *The Heart of Marriage*

No falta en la Biblia. Falta en nuestras vidas.

EL MANDAMIENTO PERDIDO ÁMATE A TI MISMO

CÓMO AMARTE A TI MISMO DE LA MANERA EN QUE LO HACE DIOS PUEDE TRAER SANACIÓN Y LIBERTAD A TU VIDA

JERRY Y DENISE BASEL

En memoria de
Shelley Byers
1971-2012
Nuestra hija espiritual,
Amiga Especial y gran animadora.
Solo tuviste que leer los dos primeros capítulos de este libro,
y solo con eso ya estabas lista para darles una
copia a todos tus conocidos.
Shelley, algún día te veremos de nuevo ¡y qué día será ese!
¡DE VERDAD!
Hasta entonces, siempre estarás viva en nuestros corazones.
Te amamos y te extrañamos mucho.

El Mandamiento Perdido: Ámate A Ti Mismo

Copyright © 2013, 2018 por Jerry y Denise Basel
Edición en español copyright 2020. Traducido por Paola Rinaldi

ISBN-13: 978-0-578-58601-4
ISBN-10: 0-578-58601-4

Todos los derechos reservados. Ninguna parte de esta publicación puede reproducirse, almacenarse en un sistema de recuperación o transmitirse de ninguna forma o por ningún medio (electrónico, mecánico, fotocopia, grabación o cualquier otro), salvo breves citas en revisiones impresas, sin el permiso previo de los autores.

Publicado en Cleveland, Georgia, por J & D Publications. www.jerryanddenisebasel.com

Todas las citas bíblicas del texto original en inglés, a menos que se indique lo contrario, son tomadas de la Santa Biblia, NEW INTERNATIONAL VERSION®, NIV®. Copyright © 1973, 1978, 1984, 2011 por Bíblica, Inc.® Usadas con autorización. Todos los derechos reservados en todo el mundo. Las citas bíblicas marcadas NIV 1984 son de la edición 1984.

Las citas bíblicas designadas NASB están tomadas de New American Standard Bible®, Copyright © 1960, 1962, 1963, 1968, 1971, 1972, 1973, 1975, 1977, 1995 por The Lockman Foundation. Usadas con autorización.

Las citas bíblicas designadas MSG son de THE MESSAGE. Copyright © de Eugene H. Peterson 1993, 1994, 1995, 1996, 2000, 2001, 2002. Usadas con autorización de NavPress.

Todos los derechos reservados. Representado por Tyndale House Publishers, Inc.

Las citas bíblicas designadas como AMP están tomadas de The Amplified® Bible, Copyright © 1954, 1958, 1962, 1964, 1965, por The Lockman Foundation. Usadas con autorización (www.Lockman.org) Todos los derechos reservados.

Las citas escritas marcadas (NLT) están tomadas de Holy Bible, New Living Translation. Copyright © 1996, 2004, 2007, 2013, 2015 por Tyndale House Foundation. El uso de este material fue autorizado por Tyndale House Publishers, Inc., Carol Stream, Illinois 60188. Todos los derechos reservados.

Las citas bíblicas designadas como NKJV están tomadas de New King James Version®. Copyright © 1982 por Thomas Nelson. Usadas con autorización. Todos los derechos reservados.

Las citas bíblicas designadas como "Phillips" están tomadas de The New Testament in Modern English por J. B Phillips. Copyright © 1958, 1960, 1972 por JB Phillips. Copyright renovado © 1986, 1988 por Vera M. Phillips.

Las citas bíblicas en español están tomadas de La Biblia de las Américas (LBLA) por The Lockman Foundation. Usadas con autorización. (www.Lockman.org) Todos los derechos reservados.

Título original en Inglés: The Missing Commandment: Love Yourself
Título en español: El Mandamiento Perdido: Ámate a Ti Mismo
Fecha de publicación en español: 2020

Editor: Bob Hartig www.thecopyfox.com
Diseño de portada: Jeff Gifford www.gradientidea.com
Foto de portada: Austin Koester
Diseño interior: Frank Gutbrod www.behance.net/fgutbrod
Traducción al español: Paola Rinaldi

A menos que los autores lo indiquen específicamente, los nombres, las fechas, las ubicaciones y otros detalles se han cambiado a propósito para proteger las identidades y la privacidad de los que se mencionan en el libro.

Impreso en los Estados Unidos de América

EL MANDAMIENTO PERDIDO: ÁMATE A TI MISMO

Introducción		1
Capítulo 1	Amar lo Que Dios Ama	5
Capítulo 2	"¿Pero Eso No Sería Egoísta?"	23
Capítulo 3	Como un Niño	31
Capítulo 4	¿Qué Siente Dios—Sobre Nosotros?	43
Capítulo 5	Retroceder para Avanzar	65
Capítulo 6	Bloques De Construcción Fundacionales: Confianza E Identidad	85
Capítulo 7	Escudos Arriba: Las Maneras De Protegernos a Nosotros Mismos	105
Capítulo 8	La Vergüenza Y Las Mentiras Que Creemos	123
Capítulo 9	¡Santo Cielo!: De Perdonarse A Sí Mismo Hasta La Autoaceptación	143
Capítulo 10	Gracia Increíble: Las Buenas Noticias Demasiado Buenas Para Ser Verdad	161
Capítulo 11	Amar A Quien Dios Ama	177
Profundizar: Historias Que Te Llevarán Más Allá En Tu Viaje Sanador		187
Epílogo		217
Fuentes		219
Reconocimientos		222

INTRODUCCIÓN

Este libro trata sobre el corazón, tu corazón y el nuestro. Desde el comienzo de nuestro ministerio, Dios dejó en claro que el corazón debía ser central en todo lo que hacíamos. Cuando yo (Jerry) pasé por un período intenso de curación emocional de dos años hace mucho tiempo, me di cuenta de que había muchas cosas sobre el corazón, mi corazón y el corazón de Dios, que no entendía. Durante este período, me di cuenta de cómo mi corazón había sido afectado por las heridas de la infancia, y llegué a comprender que Dios tenía un plan para restaurar y sanar mi corazón.

Denise y yo éramos profesores universitarios en ese momento, y Dios comenzó a compartir que la curación de mi corazón también implicaría un cambio significativo en mi vocación y destino personal. Al entrar a un servicio religioso un domingo, pude "ver" y sentir la condición emocional de quienes me rodeaban. Aunque la mayoría de las personas se veían bien y juntas por fuera, sentí que muchas personas estaban sufriendo mucho por dentro. Cada uno llevaba máscaras que cubrían sus verdaderas condiciones, y comencé a sentir cuánto dolor sentía el Padre Dios por los corazones rotos de Sus hijos. Con el paso del tiempo, Dios nos dejó en claro a Denise y a mí que debíamos dejar nuestros roles como profesores y administradores universitarios y seguir su camino para ser agentes de su curación para los demás.

A lo largo de las Escrituras, cuando Dios puso Su nombre en algo, siempre fue importante. Antes de comenzar nuestro ministerio en 1995, no teníamos un nombre de ministerio específico en mente. Entonces Dios me dio el nombre "El Corazón del Padre", y supe que era Suyo. A través de los años, hemos vuelto una y otra vez a una verdad fundamental: el Padre persigue apasionadamente cada uno de nuestros corazones, y hará lo que sea necesario para recuperar, sanar y restaurar esos lugares en nuestros corazones que han sido heridos.

EL MANDAMIENTO PERDIDO: ÁMATE A TI MISMO

Durante los primeros años de este ministerio, yo (Denise) tuve un sueño, y en él Dios me mostró Su corazón. Era increíblemente grande, más allá de cualquier cosa que pudiera imaginar. Estaba claro en este sueño que el corazón de Dios tenía muchas expresiones, y cada vez que Dios "volvía Su rostro" sólo un poco, podía ver otro aspecto de Su corazón. También estaba claro que podía pasar toda una vida persiguiendo Su corazón y nunca llegar al final del proceso revelador. Parecía como si Dios quisiera que yo supiera dos cosas: su corazón se expresa de muchas maneras, y los deseos de su corazón para su pueblo son infinitos.

Desde nuestra experiencia trabajando con cientos de clientes desde 1995, hemos visto que la incapacidad de las personas para amarse a sí mismas ha sido el obstáculo más importante en su capacidad de amar a Dios y a los demás y caminar en libertad e integridad.

Cuando nos amamos a nosotros mismos, experimentamos una mayor paz y alegría en la vida, y nos volvemos más capaces de cumplir el destino que Dios coloca dentro de nosotros. Esta poderosa verdad y sus implicaciones para nuestras vidas son las que nos han inspirado a escribir este libro.

Hay otra razón importante para escribir, y es necesario aclararla; esta necesidad crucial, la capacidad de amarnos a nosotros mismos, es bíblica. De hecho, es más que solo bíblica: es una verdad esencial para que los cristianos sepan, experimenten y vivan. No hacerlo crea conflictos emocionales y espirituales dentro de nosotros. Sin embargo, muchos en la comunidad cristiana operan por incomprensión y error con respecto a este tema.

Aunque este no es un libro sobre la teología de amarte a ti mismo, esperamos arrojar suficiente luz de las Escrituras sobre el tema que muchos de los que previamente rechazaron la noción de amor propio llegarán a verlo como esencial para una buena salud emocional y espiritual. Si bien este libro puede beneficiar a alguien que aún no ha confiado su corazón al cuidado de Jesucristo, nuestro público principal son aquellos que sí lo han hecho. En otras palabras, nos estamos dirigiendo a los cristianos, personas que creen en las buenas nuevas de Jesucristo, que no son capaces de amarse a sí mismos (y quizá ni siquiera lo saben).

A lo largo de este libro a menudo nos referiremos a los términos *verdadero yo* y *falso yo* (a veces llamado nuestro *yo privado* y nuestro *yo público*, respectivamente). Creemos que, aunque muchos factores determinan en

Introducción

quién nos convertimos a medida que avanzamos desde el nacimiento hasta la edad adulta, Dios ha colocado en nosotros una identidad central que quiere que se revele en nuestras vidas. También creemos que esta identidad central se realiza mejor cuando vivimos desde nuestros corazones, desde los deseos que Dios ha depositado en nosotros y el nivel de libertad en el que caminamos. Esta identidad central basada en el corazón es lo que queremos decir cuando nos referimos a nuestro verdadero yo.

A medida que avanzamos a través de los años formativos de la infancia, comúnmente aprendemos varias formas de adaptación a la adversidad. Nuestro verdadero yo se cubre o incluso se pierde, y comenzamos a funcionar desde otra identidad: nuestro falso yo. El falso yo puede manifestarse de múltiples maneras: volviéndose fuerte y controlador, o perfeccionista y orientado al rendimiento, o pasivo y obediente, y así sucesivamente. Muchas de nuestras adicciones provienen de vivir de nuestros falsos yo. Nuestro falso yo es una máscara detrás de la cual nos escondemos, a menudo sin saber que nos estamos escondiendo.

Pero Dios desea algo muy diferente para nosotros. Nos está llamando a Su diseño original para nosotros, nuestro verdadero yo y nuestro verdadero corazón, para que podamos amar de manera más libre, profunda y efectiva y cumplir nuestro destino que viene de adentro.

Dado que las partes más jóvenes e infantiles de nosotros mismos generalmente están más cerca de la intención original de Dios para nosotros, a menudo usamos esos términos, *parte más joven* y *parte infantil*, como sinónimos de nuestro verdadero yo.

Un libro no puede reemplazar el beneficio de trabajar cara a cara con un consejero. Dicho esto, esperamos proporcionar un proceso mediante el cual puedas (1) saber si tienes dificultades para amarte a ti mismo y en qué medida; (2) identificar las razones principales por las que no te amas a ti mismo; y (3) entrar en un proceso por el cual finalmente puedas comenzar a amar lo que Dios ama, TÚ, y vivir tu vida desde una posición de seguridad en Su amor.

Este libro no está diseñado para ser leído como una novela; es una hoja de ruta hacia la plenitud y la alegría que puede llevarte a través de lugares difíciles, y puede haber puntos de parada. Te alentamos a que marques tu propio ritmo. Nos damos cuenta de que para algunos de ustedes, este libro puede abrir cuestiones sensibles y dolorosas. Si tienes dificultades emocionales abrumadoras, te recomendamos que permanezcas dentro de la sección que te está impactando y que proceses lentamente el material. También te alentamos a que busques ayuda adicional si descubres que necesitas asistencia para trabajar con el libro. Reconocemos que ni la escritura de este libro ni la curación y la integridad que esperamos que descubras a través de él pueden ocurrir sin la participación directa del Espíritu Santo. Entonces, mientras emprendemos este viaje juntos, te invitamos a orar con nosotros aquí:

ORACIÓN

Señor Jesús, te invito a dirigirme y guiarme en este tiempo de exploración, revelación y curación. Sabes todo sobre mí y me amas, completamente. Abre mis ojos para ver lo que quieras que vea y sentir lo que quieras que sienta.

Viniste como El "Lleno de gracia y Lleno de verdad". Ahora, por favor, dame Tu gracia mientras busco más en esta área de amarme a mí mismo, y déjame saber y experimentar la verdad de cómo realmente me ves. Es mi deseo caminar en una mayor integridad y libertad y, en última instancia, amarte más y llevar Tu amor a los demás. Confío en ti en esto y dependo de ti. Amén.

Bienvenido al viaje. En el camino, nosotros, Jerry y Denise, compartiremos partes de nuestras historias personales contigo, así como las historias de las personas con quienes hemos trabajado. Nos honra que hayas elegido recorrer este camino con nosotros.

CAPÍTULO UNO

AMAR LO QUE DIOS AMA

"Solo quiero que mates a la niña dentro de mí".
—Alice en su primera sesión de orientación.

Lo creas o no, esa fue la primera respuesta de Alice a nuestra primera pregunta sobre su primera sesión de orientación. La pregunta era: "¿Qué quieres ver que suceda en tu tiempo con nosotros para que cuando salgas de aquí, digas, 'me alegro de haber venido?'" ¡Imagina la expresión de nuestros rostros ante su respuesta! Después de todo, ella venía al Ministerio del Corazón del Padre, cuyo nombre mismo sugiere un resultado más amoroso de lo que Alice imaginó. Como Alice pronto descubriría, la niña dentro de ella era la parte que necesitaba ser sanada, no asesinada, y restaurada al diseño original del Padre.

No sé dónde yo (Denise) aprendí que estaría bien odiarme, sentir aversión de mí o tener pensamientos vergonzosos sobre mí misma, pero estoy bastante segura de que esto vino con mi educación católica. Fui criada como una buena niña católica que se confesaba con el sacerdote casi todas las semanas. Era algo así como: "Padre, perdóname. Ha pasado una semana desde mi última confesión. Calumnié a mis hermanas cuatro o cinco veces. Desobedecí a mis padres dos o tres veces. Mentí una o dos veces. Lamento estos pecados y todos los pecados de mi vida pasada". A menudo inventaba pecados y situaciones de pecado para asegurarme de que mi confesión cubriera todos los mandamientos.

Un día traumático, encontré un pequeño libro negro en el cajón de mi madre. Era una lista completa (y quiero decir r-e-a-l-m-e-n-t-e completa) de todos los pecados que podrías cometer bajo cada uno de los Diez Mandamientos.

Nunca leí más abajo del primer Mandamiento de la lista. Nunca. Ahora era consciente de que tenía tantos pecados que confesarle al sacerdote, que tenía miedo de leer más.

Mi hermana de diez años también encontró el libro. Una noche, después de leerlo y de enterarse de lo tan mala que supuestamente era, recuerdo sentirme aterrorizada de que ella muriera durante la noche y se fuera al infierno. No sé qué sabe un niño de siete años sobre la oración intercesora, pero hice mi parte rezando y preocupándome la mayor parte de la noche.

Esa semana, sin querer arriesgarse a dejar sin mover una piedra pecaminosa, mi hermana le confesó al sacerdote que había cometido adulterio. Supongo que sintió que si había un pecado ahí, probablemente lo había cometido. El sacerdote le preguntó: "¿Cuántos años tienes?" Él no dijo nada más cuando ella le dijo que tenía diez años. Estoy bastante segura de que no tuvo que hacer ninguna penitencia por eso.

En ese momento de mi vida, hice todo lo posible por agradarle a Dios — alcanzar la norma (nunca estaba lo suficientemente segura) y ser lo suficientemente buena como para ganarme su confianza para que las cosas malas no me pasaran a mí ni a mi familia. Supongo que todavía estaba en la fase de la infancia cuando tenía el pensamiento mágico de que todo estaba enfocado en mí y todo lo que sucedía en mi mundo era por mí. El concepto de *pensamiento mágico*, una fase normal en el desarrollo de un niño, puede crear serios problemas si no es reconocido y abordado por padres astutos.

Por ejemplo, habría sido normal para mí cuando era niña creer que mis pensamientos y acciones podrían afectar significativamente la vida de los demás, especialmente si hubiera recibido el mensaje de que Dios, al igual que Santa Claus, recompensa a los niños que son buenos. Naturalmente, se deduce que Dios castiga o retiene las cosas buenas si los niños *no* son buenos. Entonces, si algo sale mal en mi familia, si mi padre se lesiona en un accidente automovilístico o mis padres no pueden pagar las facturas, entonces debo haber hecho algo malo o no haber hecho algo lo suficientemente bueno, como decir mis oraciones . Luego trato de mejorar o hacerlo mejor.

Soy demasiado joven para comprender la irracionalidad de tal creencia. Así que, si ocurren suficientes cosas malas de las cuales sigo creyendo que soy responsable, entonces comenzaré a creer que "soy mala", y una *mentira central* comenzará a arraigarse.

El pensamiento mágico y sus consecuencias están separados de deficientes comportamientos parentales, como el abuso y el abandono emocional. Todo aquello puede hacer que se fortalezca el núcleo de mentiras. Los padres pueden contrarrestar algunas de estas creencias tempranas e irracionales si pueden reconocer cuándo un niño está internalizando o adquiriendo algo que no le es propio.

Thomas es el hijo de un pastor de treinta y cinco años. Aprendió temprano a no avergonzar a la familia. Se culpó a sí mismo por los azotes violentos de su padre y las frecuentes bofetadas de su madre. Recuerda estar sentado en su habitación con un cuchillo cuando tenía cinco años, tratando de descubrir cómo suicidarse. Se describía a sí mismo como lleno de autodesprecio. Creía que Dios lo había descuidado deliberadamente para mantenerlo simple y de poco valor. Sin la ayuda del Espíritu Santo para buscar su corazón, Thomas comenzó un despiadado patrón de autoexamen diario. Siempre se sentía deficiente y *muy malo*. No había una migaja de amor propio en ninguna parte.

La película *Good Will Hunting* vale oro debido a una escena poderosa. (¿No es sorprendente cómo Dios puede usar una película con un lenguaje no tan bueno para atravesar nuestros corazones y sacudir nuestras creencias sobre nuestra identidad?) En la escena, el psicólogo Sean (interpretado por Robin Williams), está hablando con un adolescente con problemas, Will (interpretado por Matt Damon), a quien Sean ha estado aconsejando con respecto a los problemas de ira.

Will fue abusado físicamente cuando era niño, rechazado por su padre, y se dirige por un mal camino. El psicólogo se hace amigo de él, lo cual no es fácil. Will ha aprendido a no confiar en nadie; sin embargo, aunque su coraza es una fortaleza, de alguna manera el psicólogo entra. Aquí hay un extracto de la escena en la oficina donde los dos hombres están hablando de sus experiencias con el abuso físico:

> Sean: Mi padre solía hacernos caminar hasta el parque y recoger los palos con los que nos iba a golpear. En realidad, la peor de las palizas eran entre mi hermano y yo. Practicábamos entre nosotros tratando de encontrar palos que se rompieran.
>
> Will: Mi papá solía poner un cinturón, un palo y una llave inglesa en la mesa de la cocina y decir: "Elige". Yo solía elegir la llave inglesa.

Sean: No sé mucho, Will, pero déjame decirte una cosa: toda esta historia (señala su archivo) . . . Mírame, hijo. (Ambos se están mirando). No es tu culpa.

Will: (despreocupadamente) Sí, lo sé.

Sean: No es tu culpa.

Will: (sonriente) Lo sé.

Sean: (en serio) No es tu culpa.

Will: (muy agitado) No me vengas con eso____, hombre.

Sean: (ahora directamente en su cara) No es tu culpa.

Will: Lo sé, lo sé… (Se le rompe el corazón y lo pierde, QUEBRADO).

Sean toma a Will en sus brazos y lo abraza como un niño. Will solloza como un bebé, y después de un momento, envuelve a Sean y lo abraza aún más fuerte. Vemos una conmovedora demostración de dos personas solitarias que son padre e hijo juntas.

Ese intercambio, repetido varias veces (algo así como Jesús preguntando a Pedro tres veces, "¿Me amas?"), Tiene el poder y la verdad de Dios en él. Una y otra vez en la orientación, el Espíritu Santo exhaló estas palabras:

No es tu culpa.
No es tu culpa.
NO ES TU CULPA

En esas palabras, Dios les ha dado a sus hijos más buenas noticias, noticias que antes creían que eran demasiado buenas para ser verdad. El Padre dice: "Te conozco, te veo, estoy loco por ti y sanaré cada parte de ti".

Ya ves, Dios no desperdicia nada. Nada. Ama lo que Dios ama: TÚ. Él no te desprecia aunque lo sepa todo. Entonces, ¿por qué tú todavía te desprecias?

Esto nos recuerda otra escena de película, la escena de la corte en la película *Mentiroso, Mentiroso*. El abogado (Jim Carey) se está desmoronando emocionalmente en la sala de la corte. El juez dice: "Un arrebato más como ése y este tribunal lo acusará de desacato". Carey sigue con: "¡Su señoría, yo me desprecio!"

¿El escritor de esa línea escuchó nuestras citas de orientación? A qué conclusión tan clásica pero trágica llegan muchas personas con respecto a sí mismas. Esta es un buen momento para descubrir que estás equivocado y que la opinión de Dios sobre ti es correcta.

A mi (Denise) me gusta bromear que mi padre y Dios son muy parecidos, ambos piensan que siempre tienen la razón. Abordaremos este asunto con mayor profundidad en un capítulo posterior, pero dado que estás comenzando a comprender las buenas noticias de la verdad de Dios sobre ti, ¿por qué no comenzar a estar en desacuerdo con algunas de las mentiras que has creído hasta ahora? Usando I Corintios 13:4-8 como modelo, hazte estas preguntas:

- ¿Me amo a mí mismo?
- ¿Soy paciente, gentil y amable conmigo mismo?
- ¿Dejo de lado mis errores y mis equivocaciones con facilidad?
- ¿Me desprecio?
- ¿Dudo o me avergüenzo o me reprendo o condeno continuamente?
- ¿Confío en mí mismo? (Hace unos años, una amiga cercana con un don profético habló profundamente en mi vida. Ella señaló con el dedo a mi corazón y dijo: "Denise, el Señor está diciendo: 'Confía en ti'". Esa declaración no significaba que debía confiar en mí misma en lugar de en Dios. ¡Cielos no! Significaba que debía estar de acuerdo con cómo Dios me ve. Y él me ve con un buen corazón que él personalmente colocó en mí).

Ahora volvemos a la premisa original de este libro: el mandamiento perdido: amar a mi prójimo *como a mí misma*.

¿Qué pasa si no hago un buen trabajo amándome a mí misma? ¿Y qué pasa si mi capacidad de amar a los demás nunca puede exceder mi capacidad de amarme? ¿Qué tan bien, entonces, estoy amando a los demás? En realidad, tal vez no tan bien. Especialmente cuando estoy haciendo todo lo posible para gustarles, ser aceptada y apreciada; cuando necesito su afecto, atención y aprobación; cuando no puedo tener a nadie enojado conmigo... en resumen, cuando no puedo dejar que nadie vea al verdadero yo. El ser que otros ven se convierte en un ser fabricado, y una vez más abandono mi ser real, me rechazo y me avergüenzo. Si no estoy a la altura de las circunstancias para mí, nunca podré asimilar y creer en el amor y el cuidado que Dios y los demás tienen para mí.

Dios Con Nosotros,

¡Escóndete, rápido! Cuando era niña, Tamara solía esconderse en su armario, tanto de sus padres como de Dios. En una de sus sesiones con nosotros, le preguntamos si estaría bien si de ahora en adelante el Padre pudiera venir y sentarse en el armario con ella. Esa sugerencia abrió un mundo completamente nuevo para Tamara y cambió algo en su corazón. "Dios Padre sólo quiere estar *conmigo*. ¿Es esta una noticia demasiado buena para ser verdad? ¡Guau!"

Ya sea que Dios esté sentado en tu armario oscuro contigo, o sentado en la esquina para pasar un tiempo contigo, o trepando en tu tienda de fantasía y jugando al ejército contigo; ya sea que estés siendo bueno o te estés metiendo en problemas, ayudando a tu madre a hornear galletas o mirando las revistas de pornografía de tu padre que encontraste debajo de su cama, hay una cosa que permanece constante: Emmanuel, "Dios *con* nosotros". La revelación de lo que eso significa, tan aparentemente pequeño como que el Dios Padre entra y se sienta a tu lado en tu armario, puede transformar tu corazón para siempre.

Cuando Cathy tenía seis años, su madre la empujó enojada por la puerta principal y se la cerró en la cara. Cathy tuvo que caminar a la escuela por unas fotos escolares. Y para empeorar las cosas, su madre había cortado su flequillo realmente corto (¡un recuerdo traumático para muchos de nosotros!).

En una de nuestras sesiones con Cathy, el Dios Padre le mostró que estaba justo a su lado, *con* ella. Ella sintió que la tomaba de la mano, y él la acompañó hasta la escuela. Ella pensó que Él simplemente la dejaría allí, pero en cambio se quedó con ella, y al hacerlo le reveló su protección.

Esta revelación del constante cuidado y compañía de Dios transformó el doloroso recuerdo de Cathy de las acciones de su madre. El recuerdo ya no estaba más enterrado o embutido en su interior, todavía vivo, con rechazo, dolor y vergüenza. En cambio, estaba muerto, enterrado y reemplazado por un cálido conocimiento de la presencia del Padre. Y desde este lugar de la amorosa presencia de Dios, Cathy pudo perdonar a su madre y liberarse. Este recuerdo ahora es parte de la historia de Cathy, de cómo Dios la conoció con su amor y gracia. Es otro ejemplo del Padre restaurando los años de nuestro pasado que "las langostas han comido" (Joel 2:25).

Esta palabra, con, ha impactado en mi comprensión (de Denise) de Dios y está cambiando la forma en que lo imagino y lo presento a los demás durante la orientación. Emmanuel, "Dios con nosotros", no está con nosotros simplemente de una manera general, Dios está en todas partes de una manera específica e intencional a nuestro lado. Él es un padre que nos abraza. Él viene a nuestro lado y nos rodea con el brazo. Él juega en la arena con nosotros, se esconde en el armario con nosotros para que no tengamos que estar asustados y solos. Está caminando de la mano con nosotros, protegiéndonos y defendiéndonos, llorando con nosotros cuando alguien cercano a nosotros nos lastima o incluso nos viola, llorando con nosotros cuando nos lastimamos a nosotros mismos con nuestro propio odio.

En todas estas cosas y más, el amor de nuestro Padre permanece constante. Nunca cambia, ni con un buen trabajo o mil, ni con un pecado o un millón. Después de que el hijo pródigo en el capítulo 15 de Lucas cometió todos los errores del libro, el padre ni siquiera escuchó su "lo siento". El padre esperaba que su hijo regresara, y cuando finalmente lo vio, tomó su larga túnica y corrió lo más rápido que pudo hacia él. Abrazó a su hijo descarriado, besó su mal olor, le dio la bienvenida, le trajo regalos, lo celebró, derramó su corazón sobre él, lloró de alegría por su culpa, lo perdonó, estableció un lugar de honor para él y llamó a todos sus amigos para compartir las buenas noticias del regreso a casa de su hijo. Este es el mismo Padre que nunca deja de creer en nosotros y nunca deja de hacer planes para nosotros: planes para sanarnos, restaurarnos, liberarnos y guiarnos hacia la identidad y el destino que nos tejió en el vientre de nuestra madre.

La historia del hijo pródigo nos confronta con la bondad de Dios, la bondad que nos lleva al arrepentimiento. ¿O tienes en poco las riquezas de su bondad, tolerancia y paciencia, ignorando que la bondad de Dios te guía al arrepentimiento? (Romanos 2:4) ¡Qué triste para mí! Estoy demasiado ocupado acusándome a mí mismo y tratando de mejorar la próxima vez para poder agradar a Dios y ganar su bendición. Prueba este escenario y mira si encaja:

> Yo peco.
> *Lo siento.*
> Yo peco de nuevo.
> *No lo volveré a hacer.*
> Yo peco de nuevo.
> *Me esforzaré más.* (¿Está funcionando para ti?)
> Ahora viene el diálogo interno negativo.
> *Estoy muy frustrado conmigo mismo. Soy un perdedor, un desastre.*
> A continuación, me enojo con Dios.
> *¿Por qué no me estás ayudando?*
> Finalmente, llego a mi conclusión.
> *No puedo, Dios no lo hará, ¿por qué intentarlo? Creo que Dios está ahí para todos los demás, pero no para mí.*

Nuestra cliente Liz nos contó sobre una conversación que tuvo con su hermana. Liz le dijo a su hermana: "Sé que Dios te ama y está ahí para ti, pero no se preocupa por mí". Su hermana respondió: "¿Cómo puedes decir eso? Para mí es muy obvio que él te ama totalmente y te ha estado ayudando. Simplemente no puedo creer que él me quiera".

Fue uno de esos momentos rupturistas de Dios para Liz. "Mmm", reflexionó Liz. "Así que ambas estamos absolutamente seguras de que Dios ama a la otra y está allí para ella. Si ambas realmente creemos esto en nuestros corazones, y si ambas tenemos razón, entonces ambas tenemos que estar equivocadas acerca de que Dios no nos ama a cada una personalmente. Como estoy tan segura de que Dios te ama y se preocupa por *ti*, tengo que creer que él también me ama y se preocupa por *mí*".

Beth Moore, en su libro *Breaking Free*, cuenta la historia de un grupo de mujeres que estaba enseñando sobre el amor de Dios. Ella les pidió que miraran a los ojos de la persona a su lado y que dijeran: "Dios *me* ama mucho".

¿Adivina qué pasó en toda la habitación? Moore escribe: "Las mujeres se volvieron las unas a las otras y dijeron: 'Dios *te* ama mucho'".[1]

Qué ejemplo perfecto de cómo aceptamos el amor de Dios por los demás, pero nos cuesta creer en su amor por nosotros. Sin embargo, la verdad es que *Dios me ama tanto como ama a los demás, igual, radical, completa e infaliblemente.*

¿Por qué creemos lo contrario? ¿Por qué cambiamos las palabras y el corazón del Padre? Di esta oración en voz alta: "Con amor eterno te he amado _____(tu nombre), por eso te he atraído con misericordia".

Acabas de personalizar las mismas palabras de Dios escritas en Jeremías 31: 3. ¡Guau! ¿Qué pasaría si pudiéramos decir eso de nosotros mismos todos los días? Desafortunadamente, siempre podemos presentar un caso contra nosotros mismos porque conocemos nuestros propios pecados, debilidades y luchas demasiado bien.

A Jerry y a mi nos duele el corazón durante nuestras sesiones de orientación cuando escuchamos las historias personales de quienes están sentados en el sofá frente a nosotros. Cuán honrados estamos de que parejas e individuos hayan encontrado un lugar seguro con nosotros para compartir su profundo dolor. Podemos ver y sentir el trauma de sus luchas. Pero aún más que eso: yo, Denise, puedo sentir las lágrimas brotar mientras escribo, sentimos el dolor del Dios Padre que anhela que, aquellos a los que aconsejamos conozcan su amor y la verdad sobre cómo los ve.

El Mandamiento "Perdido"

En Marcos 12:28–31, se le pregunta a Jesús cuál de los mandamientos es el más importante. Ama al Señor tu Dios con todo tu corazón, con toda tu alma, con toda tu mente y con todas tus fuerzas'.* Él continúa: "El segundo es este: 'Ama a tu prójimo como a ti mismo'. No existe otro mandamiento mayor que éstos".

En su primer mandamiento sobre amar a Dios, Jesús hace referencia a Deuteronomio 6:5. En su segundo mandamiento sobre amar a los demás como a nosotros mismos, cita a Levítico 19:18. La importancia de estas dos declaraciones se destaca aún más claramente en Mateo 22:40 cuando Jesús declara: "Toda la Ley y los Profetas dependen de estos dos mandamientos".

No hay nada más importante ni en el Antiguo ni en el Nuevo Testamento de la Biblia, en términos de lo que Dios nos pide, que amarlo y amar a los demás *como nos amamos a nosotros mismos.*

Parece que obtenemos la meyor parte de esto. Debemos amar a los demás. Pero donde Jerry y yo vemos que muchos se quedan cortos para comprender y vivir esta enseñanza es en el área de "amarse a uno mismo".

Pregúntate: "¿Amo a los demás en la misma medida o de la manera en que me amo a mí mismo?" La ecuación se ve así:

Mi amor por los demás no es menor ni mayor que mi amor por mí mismo. Mi amor por los demás es igual a mi amor por mí mismo.

No hay ninguna diferencia. Ninguna. **Creemos que amarte a ti mismo es el mandamiento que falta.**

No estamos diciendo que falta en la Biblia o en las enseñanzas de Cristo. Está claramente presente. Más bien, creemos que falta en gran parte en la iglesia y en la vida de aquellos que buscan seguir a Cristo. Además, creemos, en base a nuestras propias vidas y las vidas de aquellos a quienes hemos aconsejado, que no es posible hacer un buen trabajo al sostener el primer mandamiento, amar a Dios, sin cumplir totalmente el segundo.

Sanar a los que están desolados y amar lo que Dios ama

Recientemente, en una instalación educativa en el Medio Oeste, la presencia de Dios cayó en un aula de estudiantes universitarios. Doce horas después, nadie había salido de la sala por lo que Dios estaba haciendo. Llegaban informes tras informes de personas que estaban siendo tocadas por Dios de manera profunda. Los estaba sanando del odio a sí mismos. De culpa De vergüenza

Las curaciones físicas no siempre cambian el corazón de una persona, pero qué libertad insondable puede venir cuando Dios sana un corazón roto.

Vemos un ejemplo de esto en Lucas 17:11-19, cuando Jesús sanó a los diez hombres con lepra, pero solo uno "regresó, alabando a Dios en voz alta" y agradeciendo a Jesús. En contraste, cuando Jesús habló con la mujer en el pozo en Juan 4:1–42, sus palabras proféticas sobre la condición de su vida y su corazón resultaron en un cambio de corazón. Tenía *que* contarles a los demás lo que le había sucedido. Juan 4:39 declara que, "muchos de los samaritanos creyeron en Él por la palabra de la mujer que daba testimonio, diciendo: Él me dijo todo lo que yo he hecho". Tal vez, si tú también pudieras experimentar el cambio de corazón ofrecido por Jesús, podrías responder amando lo que él ama: TÚ.

Comenzamos nuestro ministerio con el primer y más grande mandamiento como el centro de todo lo que nos propusimos lograr. Queríamos ayudar a otros a amar a Dios con todo su corazón y eliminar de sus corazones cualquier cosa (dolor, daño, traición, miedo, heridas, muros) que obstaculizara la libre expresión de ese amor. En algún lugar en medio del período formativo de nuestro ministerio, el Dios Padre pasó la página al segundo mandamiento. Déjanos explicarlo usando la historia de una joven que asesoramos en ese entonces.

Janet había dedicado su vida al Señor en su adolescencia y soñaba con evangelizar el mundo para Jesús. Ella era una intercesora y devota y realmente amaba a Dios. Sin embargo, cuando le pedimos que describiera cómo Dios la veía, ella dijo que elegía no pensar en el amor de Él hacia ella. Como líder de alabanza, Janet obvió las canciones que hablaban de que ella era la favorita de Dios, su amada, o de que ella era hermosa y preciosa para él.

Janet no estaba sola. Comenzamos a escuchar este tipo de historia una y otra vez, declaraciones como . . .

"Realmente amo a Dios, pero no siento que él me ame".
"Estoy decepcionado conmigo mismo, y siento que Dios también está decepcionado conmigo".
"Sé que Dios ama a los demás, pero no siento su amor por mí".
"Siento que Dios está distante y no tiene interés en mí".
"Sé en mi cabeza que Dios me ama, pero no lo siento en mi corazón".
"No siento el amor de Dios y, en realidad, no siento mucho de nada".

Estas declaraciones son solo algunas de las muchas similares que se nos han presentado. Sabemos que el Padre se aflige por ellos y desea ayudar a sus hijos a amar lo que Él mismo ama tan profundamente: ellos mismos.

¿Qué Tan Buenas Son las Buenas Noticias?

Yo (Denise) recuerdo sólo un sermón de cuando era niña. Tenía siete años y estaba sentada en el banco haciendo las cosas habituales para permanecer callada y sin meterme en problemas, como lustrar mis zapatos de charol con un pañuelo. Un joven sacerdote católico del movimiento de Jesús estaba dando el mensaje en nuestra iglesia. Recuerdo que dijo enfáticamente: "Jesús te ama".

¿Eh? ¿Qué era todo aquello? Dejé de lustrar mis zapatos mientras prestaba atención a eso. ¿Jesús me *ama* ? Con todas las reglas, deberes y obligaciones en los que estaba trabajando para ser buena, evitar problemas y evitar el castigo, ese pensamiento nunca se me había pasado por la cabeza.

Hoy, toda nuestra vida y ministerio están envueltos en esa única oración: Jesús te ama. Es una muy buena noticia. La siguiente historia demuestra el impacto que tuvo esa buena noticia en la vida de uno de nuestros clientes al experimentar una conexión sincera con el Padre. Una palabra lo resume mejor: ¡Guau!

> Todo lo que Raymond siempre quiso fue ser atendido y tener un sentido de pertenencia. Su padre "no estuvo cerca" hasta que Raymond tuvo doce años. En cuanto a su madre, Raymond sentía que estaba solo. Ella lo enviaba por la puerta de la cocina por la mañana con un severo "Ahora sal", y no lo dejaba volver a la casa hasta la hora de la cena.
>
> Cuando comenzamos a orar con Raymond contra las mentiras que él creía sobre sí mismo . . .
>
> *No pertenezco*
> *Mis sentimientos no cuentan*
> *Si realmente me conocieras, no te agradaría,*
> *nunca podría estar a la altura*
>
> . . . Raymond comenzó a escuchar la voz del Padre. Las palabras de Dios vinieron contra todas las mentiras que estaban profundamente arraigadas en su corazón desde que tenía memoria. Con lágrimas y entusiasmo, Raymond comenzó a decirnos lo que Dios estaba diciendo:

"¡Oh, Dios mío! ¡A Dios le importa lo que siento!"
"¡No es mi culpa!" (*"¡Esto es alucinante!"*)
"¡Tengo un buen corazón!"
"¡Le gusta lo que hizo! ¡Guau!"
"¡No tengo que hacer nada!
¡Soy valorado sólo por ser yo mismo!" "¡Soy Su hijo!"
"¡El sólo quiere estar conmigo! ¡Guau!"

De repente, Raymond tuvo un recuerdo de estar jugando afuera con sus autos Hot Wheels. En el pasado, esta había sido una de las cosas que hacía solo cuando su madre lo enviaba afuera por horas. Sin embargo, esta vez el Padre salió con él por el marco de la puerta, se sentó y comenzó a dibujar caminos en la arena para sus autos.

En este punto, el asombro y la exuberancia infantil de Raymond estaban llenando la atmósfera en la sala de asesoramiento. Su emoción era contagiosa. Comenzó a compartir más revelaciones de Dios, y después de cada una de ellas decía: "¡Guau!"

Lo que hace que la experiencia de Raymond sea aún más especial es que nunca antes había sentido el amor de Dios de manera tangible. Al comienzo de nuestro tiempo juntos, nos dijo: "Debo ser una de esas personas que simplemente no lo entiende. Pido una experiencia personal con Dios, pero me alejo decepcionado".

Al día siguiente, Raymond y su esposa nos dejaron la mejor tarjeta que habíamos recibido. Decía simplemente: "Muchas gracias ... y ¡GUAU!"

Otra historia de un cliente de larga data ofrece una hermosa demostración de cómo Dios nos cura a medida que aprendemos a amarnos a nosotros mismos. Patrice tenía un desorden alimenticio severo. Un día, en el trabajo, cuando iba al baño a trabajar para eliminar su almuerzo, escuchó a Dios decir en su espíritu: "Quiero que te mires al espejo y digas: 'Te amo, Patrice'".

Ella dijo que era una de las cosas más difíciles que había tenido que hacer. Lo hizo de todos modos, porque creía que era Dios quien le decía que lo hiciera. Y sucedió algo poderoso: la necesidad de devolver se desvaneció.

"Te amo, Patrice" sigue siendo una oración poderosa en su vida y en la vida de otros clientes. Yo, Denise, me acerqué a un gran espejo afuera de mi oficina, hice que se miraran directamente a los ojos y luego los alenté a verbalizar un amor por ellos mismos que concuerda con el profundo amor de Dios por ellos. Esta oración de declarar nuestro amor por nosotros mismos es una de las oraciones más duras y poderosas que podemos orar para romper mentiras y fortalezas y liberar nuestros corazones para amar.

Dios desea sanar nuestro odio hacia nosotros mismos, la auto condenación, el autoconcepto, el autodesprecio y el diálogo interno negativo. Cuando llegamos a un acuerdo sobre quiénes dice el Padre que somos como sus hijos amados, y cuando podemos amarnos a nosotros mismos como él nos ama, también podemos confiar en su corazón y amar a los demás a cambio.

A medida que Jerry y yo recorrimos nuestros propios viajes de sanación, nos tuvimos que hacer muchas preguntas diferentes:

- ¿Cuándo aprendí a esforzarme, a desempeñarme, mirar y actuar de cierta manera para obtener aprobación o evitar conflictos?
- ¿Cuándo comencé a decir sí cuando necesitaba decir que no?
- ¿Cuándo comencé a esconder el verdadero yo porque me sentía inadecuado, inseguro, culpable, solo, no amado, auto contemplativo e incapaz de estar a la altura?
- ¿Cuándo decidí en mi corazón que nunca sería débil, que siempre estaría en control, que nunca dejaría que nadie supiera que estaba sufriendo?

Encontrar respuestas a preguntas como estas es una puerta de entrada al camino de la curación.

Un Punto de Exclamación de Dios

Hace unos meses, fuimos a ver a nuestro asesor financiero para analizar nuestros planes de jubilación. Nunca lo habíamos conocido antes, y él sabía poco sobre nosotros y nuestro ministerio de orientación. En nuestra segunda reunión, compartimos con él nuestro enfoque sobre sanar heridas del pasado, solo una pequeña charla general de sanación del corazón.

Nuestro asesor se inclinó sobre la mesa hacia nosotros y contó la siguiente historia. Se sintió como un momento de Dios para contener la respiración, y ambos escuchamos atentamente.

Hace quince años, llevó a su hija a escuchar a un orador invitado en el ministerio juvenil de su iglesia. El orador tenía poco más de veinte años, vestido con jeans desteñidos y chanclas, y tocaba la guitarra mientras hablaba. Dijo que había notado cómo se alienta a los cristianos y se espera que amen a los demás, que sirvan, ayuden y sean voluntarios. Pero, ¿qué pasa con la Escritura que dice que se supone que debemos amar a los demás *como nos amamos a nosotros mismos*? ¿Por qué los cristianos no se amaban a ellos mismos, y por qué nadie estaba hablando de esa "pieza faltante"?

Nuestro asesor financiero dijo que la declaración del joven realmente lo impactó, y todavía lo hace hoy, quince años después.

Fue uno de esos ¡ajá! momentos, una huella digital de Dios que marcó su corazón. Apenas podíamos contenernos ya que, a su vez, compartimos sobre el libro que planeamos escribir y el título que Dios me había dado (Denise): *El mandamiento perdido: Ámate a ti mismo*. Fue genial experimentar un momento de Dios con nosotros.

El Corazón del Padre para Ti

Aquí hay un registro del diario en cual el Dios Padre le habló a mi espíritu mientras yo (Denise) me preparaba para escribir este libro:

> Eres mi voz hablada en el desierto en los corazones de mis hijos. Diles nuevamente lo que siento por ellos, que estoy loco por ellos. Diles que soy AMOR. Diles que hay más buenas noticias y que pueden vivir, realmente vivir la VIDA, a partir de esta noticia. Que sus corazones se expandan más allá de la imaginación cuando les digas lo que pensaban que era demasiado bueno para ser verdad acerca de ellos mismos. Cuando creen que amarse a ellos mismos es arrogante, orgulloso y egoísta, lucha contra mi corazón. Diles. Diles. Abriré un reino en mis hijos para ver y sentir mi corazón. Ellos nunca serán los mismos. Este es mi regalo para ellos, que libera su verdadera identidad y destino. Nadie puede detener mi corazón.

Amar lo que Dios ama es la clave, y sí, él te ama absolutamente.

EL MANDAMIENTO PERDIDO: ÁMATE A TI MISMO

ORACIÓN

Padre, abre mi corazón y ayúdame a ver lo que quieres que vea sobre este tema de amarme a mí mismo. Al comenzar este viaje hacia mi corazón, necesito saber más de Tu corazón. Ayúdame a ver si este mandamiento ha faltado en mi vida, y si es así, ayúdame a encontrar y restaurar lo que se ha perdido o no se ha tenido en cuenta. Persigues las cosas perdidas (Lucas 15) y me persigues para que yo pueda vivir desde un corazón restaurado. Quiero poder amarte a ti mismo, a mí mismo y a los demás. Confío en ti en este viaje. En el nombre de Jesús, Amén.

PREGUNTAS PARA LA REFLEXIÓN

1. ¿Qué esperarías descubrir al leer este libro sobre amarte a ti mismo para que cuando termines la última página puedas decir: "Estoy realmente contento de haber leído esto"?
2. ¿Te parece que eres el más duro contigo mismo? Comparte ejemplos de la historia de tu vida.
3. ¿Qué crees acerca de esta declaración: "Dios no me desprecia a pesar de que sabe todo sobre mí"? Suponiendo que la afirmación es cierta, ¿cómo evitas despreciarte a ti mismo?
4. ¿Cómo respondiste a las preguntas que hicimos anteriormente en referencia a 1 Corintios 13?
    - ¿Me amo a mí mismo?
    - ¿Soy paciente, gentil y amable conmigo mismo?
    - ¿Dejo de lado mis errores y mis equivocaciones?
    - ¿Me desprecio?
    - ¿Dudo o me avergüenzo o me reprendo o condeno continuamente?
    - ¿Confío en mí mismo?
5. Considera esta pregunta en tu corazón: ¿Qué cambiaría para ti si tu percepción de Emmanuel, "Dios con nosotros", cambiara de una perspectiva general de "Dios está en todas partes" a una visión personal de "Dios conmigo"? Justo a mi lado. Brazos que me rodean. Siempre. Nunca se mueve. Nunca cambia. Nunca se rinde conmigo. Amándome. *Siempre*. Si tu corazón pudiera ver a Dios de esta manera, ¿qué tan diferentes podrían ser las cosas para ti?
6. Reflexiona sobre tus respuestas a estas preguntas:
    - ¿Cuándo aprendí a esforzarme, desempeñarme, mirar y actuar de cierta manera para obtener aprobación o evitar conflictos?
    - ¿Cuándo comencé a decir sí cuando necesitaba decir que no?
    - ¿Cuándo comencé a esconder el verdadero yo porque me sentía inadecuado, inseguro, culpable, solo, no amado, auto contemplativo e incapaz de estar a la altura?

- ¿Cuándo decidí en mi corazón que nunca sería débil, que siempre tendría el control, que nunca dejaría que nadie supiera que estaba sufriendo?

7. Vuelve a leer la oración que precedió a estas preguntas, o escribe la tuya. Es posible que desees mantener un diario a mano mientras avanzas en este viaje de curación.

CAPITULO DOS

"¿PERO ESO NO SERÍA EGOÍSTA?"

—La respuesta de un amigo cuando le dijimos que estábamos escribiendo un libro sobre amarte a ti mismo.

Las Escrituras son muy claras con respecto al mandato de amar y servir a los demás. El apóstol Pablo escribió en Romanos 12:10: "Sed afectuosos unos con otros con amor fraternal; con honra, daos preferencia unos a otros;" De nuevo, en 1 Corintios 13:5 — el conocido "capítulo del amor" — escribió: "[El amor] no se porta indecorosamente; no busca lo suyo, no se irrita, no toma en cuenta el mal recibido;".

Nuestro último modelo de amor desinteresado es Cristo al dar su vida por nosotros para que podamos tener vida (Efesios 5:2). Jesús también habló claramente sobre lo que se requiere para que una persona sea uno de sus discípulos:"Si alguno quiere venir en pos de mí, niéguese a sí mismo, tome su cruz cada día y sígame. Porque el que quiera salvar su vida, la perderá, pero el que pierda su vida por causa de mí, ese la salvará". (Lucas 9:23-24).

Entonces, ¿no parece al revés o egoísta concentrarnos en amarnos a nosotros mismos en lugar de amar y servir a los demás? Muchas personas, especialmente los no cristianos, argumentan que el mandamiento que de hecho "falta" en la vida cristiana, es el amor a los demás. Desafortunadamente, hay más verdad en esta declaración de lo que a la mayoría de nosotros nos interesa admitir.

Pero si es así, ¿cuál es la respuesta? ¿Simplemente decido amar y servir más? ¿Necesito escuchar otro sermón sobre amar, servir, y dar, y finalmente entenderé y podré salir y hacer más esas cosas? ¿O necesito actualizarme sobre lo que dicen las Escrituras sobre morirme y amar a mi prójimo, y luego comenzar a aplicar lo que leo?

Decididamente NO.

De ninguna manera queremos minimizar la importancia de transformar nuestra fe en acción (Santiago 2:17). Además, no creemos que haya una sola explicación de por qué tantos cristianos se quedan cortos en esa área. Sin embargo, creemos que nuestra capacidad de amarnos a nosotros mismos tiene un gran impacto en lo bien que amamos a los demás. Si aprender a amarme mejor a mí mismo finalmente me permite *amarte* mejor, entonces el resultado definitivamente no es egoísta.

En *Walking Dead*, John Eldredge lo dice de esta manera:

> Cuidar nuestros propios corazones no es egoísmo; así es como comenzamos a amar. Sí, cuidamos nuestros corazones por el bien de los demás. ¿Suena eso como una contradicción? Para nada. ¿Qué traerás a los demás si tu corazón está vacío, seco, acorralado? El amor es la clave. Y no puedes amar sin tu corazón, y no puedes amar bien, a menos que tu corazón esté bien . . .
>
> La forma en que manejas tu propio corazón es la forma en que manejarás a los demás. Si desestimas tu corazón, terminarás desestimando el de ellos. Si esperas la perfección de tu corazón, elevarás el mismo estándar para ellos. Si manejas tu corazón para la eficiencia y el rendimiento, para eso los presionarás a los ellos.[2]

Aunque a menudo somos más duros con nosotros mismos que con los demás, la falta de amor por nosotros mismos eventualmente se manifestará en cómo nos relacionamos con los demás.

En palabras de Jesús: "Si tu primera preocupación es cuidarte, nunca te encontrarás a ti mismo. Pero si te olvidas de ti y me miras, te encontrarás a ti y a mí" (Mateo 10:39 MSG). Quizás tú, como muchos cristianos, entiendas ese versículo que dice que debes ignorar tus luchas y necesidades y hacer lo que sea necesario para "superar el yo y presionar a Dios". Para nosotros, sin embargo, esta paradoja bíblica tiene un significado diferente que tiene todo el sentido del mundo. Si intentas a través de tus propios esfuerzos conseguir lo correcto, lo suficientemente limpio, lo suficientemente espiritual, lo suficientemente agradable como para ir hacia Dios, nunca llegarás allí. Pero si vienes con la simplicidad, la vulnerabilidad y la honestidad de un niño (tu verdadero yo), lo encontrarás. Y cuando lo encuentres, también te encontrarás a ti mismo, porque ya estás *en* él, oculto en Cristo y en el corazón del Padre. En Lucas 14:11 MSG, Jesús promete "porque todo el que se ensalce, será humillado; y el que se humille será ensalzado».

¿Cuán Puro Es Tu Amor?

Tanto como consejeros como miembros de la comunidad cristiana desde hace mucho tiempo, a menudo hemos observado dos respuestas a dar y servir. Una proviene de miembros de la iglesia que han estado "haciendo" durante mucho tiempo. A menudo se cansan, se fatigan, se agotan e incluso se resienten por dedicar tanto de sí mismos a los ministerios voluntarios de su iglesia. No pueden o no quieren mantener el ritmo, pero se sienten culpables cuando se detienen.

La otra respuesta es de personas que han elegido dar o servir muy poco y se sienten desmotivados para hacerlo. A menudo se desilusionan y desaniman en su camino de fe.

Cada tipo de persona realmente ama a Dios, pero ninguno experimenta su amor a cambio.

Al llegar a la raíz de estas afecciones, a menudo nos encontramos con *déficits de amor*: lugares dentro de una persona que no recibió suficiente amor en los primeros años formativos del individuo. Los déficits de amor pueden surgir de la falta de acciones amorosas mostradas a un niño, o pueden ser el resultado de actos o palabras negativas o abusivas dirigidas al niño. En cualquier caso, a medida que tales individuos llegan a la edad adulta, comienzan a actuar y dar desde el lugar de sus necesidades insatisfechas de amor. En la superficie, sus acciones parecen buenas y amorosas; tales personas parecen ser cariñosas, sacrificadas, tolerantes y generosas. Sin embargo, lo que realmente puede estar impulsando sus acciones es una necesidad de amor y afecto, un miedo al rechazo, un deseo de aceptación, un deseo de atención, o una necesidad desesperada de pertenencia y seguridad.

Alfred Ells describe este estilo de relacionarse de la siguiente manera:

> Aprendemos a complacer y cuidar a los demás para ganar amor o evitar el dolor. No queremos que otros nos rechacen o nos lastimen, por lo que hacemos todo lo posible para amarlos. No queremos sentir el dolor de los fracasos de nuestros hijos, por lo que hacemos todo lo posible para que tengan éxito. Amamos demasiado porque necesitamos demasiado ser amados. Y nos preocupamos demasiado porque necesitamos atención.[3]

Joe era un joven que creció con un padre furioso. Joe experimentó muchos gritos y muchas maldiciones. Aprendió a leer la atmósfera en la habitación y a mantener la paz siempre que fuera posible. Después de los arrebatos de su padre, Joe siempre estaba allí para consolar a su madre. Se sentía cercano a su madre, y en el proceso de cuidarla, sin saberlo, se hizo responsable de su felicidad.

A cambio, su madre le mostró un gran amor y cuidado. Pero en el fondo de su corazón, Joe estaba desarrollando un déficit de amor. Aunque su madre no se daba cuenta, sus acciones y actitudes hacia su hijo estaban contaminadas por su propia necesidad de amor y cuidado, y el flujo de amor a menudo iba en la dirección equivocada: hacia mamá. La madre de Joe nunca se dio cuenta de que su propia capacidad de amar, cuidar y dar venía de un pasado doloroso y sin resolver que aún controlaba sus relaciones.

La conclusión de la historia de Joe es que, a menos que se detecten, las necesidades no satisfechas crean estilos de relación poco saludables, primero entre padres e hijos y luego se extienden a las relaciones con uno mismo, Dios y otros. Debido a que el padre y la madre de Joe, y finalmente el mismo Joe, no pudieron amarse a sí mismos, el amor que le dieron a los demás no fue puro.

Pero la buena noticia es que, aunque puede haber mucho daño al crecer con déficit de amor, Joe y muchos como él, han encontrado curación y restauración. Los lugares rotos dentro de nosotros responden al amor sanador de nuestro Padre celestial, un Padre que se preocupa profundamente por nuestro pasado y su impacto en nosotros, hoy.

Un mártir

No sé exactamente cuándo, pero en algún momento durante mi infancia, (Denise) comencé a asumir los problemas y las cargas de los demás. Siempre me hice amiga del desvalido y del paria. Leí todos los libros sobre la vida de los santos en la biblioteca de nuestra escuela católica, y estaba lista para dar mi vida para negarme a mí misma y preferir a los demás. Solo faltaba una enorme pieza: no tenía un yo a quien sacrificar

Permítanme decirlo de otra manera: un niño que se pierde para complacer a otros, no tiene nada que regalar realmente. Necesitaba encontrar mi verdadero yo, la identidad que Dios tejía dentro de mí, antes de poder amar a los demás por completo. Jesús nunca titubeó en quién era y, por lo tanto, tenía un yo que podía negar y sacrificar por los demás. Yo, por otro lado, había sido mártir de mí misma antes de ser martirizada. Y lo hice con mi propia fuerza de ser "buena" (el enemigo de ser el *mejor* de Dios).

Un Chico Amable

Me llevó muchos años darme cuenta de que yo (Jerry) manejaba mis necesidades no satisfechas, lo que dio forma a muchas de mis acciones. Yo era lo que muchos considerarían un "buen tipo". Pero en realidad, mi corazón no era tan agradable. Debido a algunos déficits básicos de amor que solo conocí en mis treinta y tantos años, gran parte de mi amor por los demás fue impulsado por mis propias necesidades de aceptación. Me convertí en un ser complaciente con las personas y en un pacificador, e hice lo que fue necesario para evitar conflictos relacionales. Operé con lo que se llama una *identidad basada en la vergüenza*, que se construyó sobre un núcleo de mentiras, principalmente sobre mí.

Como explicaremos con mayor detalle en un capítulo posterior, la vergüenza malsana, que se establece muy temprano en la infancia, dice que hay algo intrínsecamente incorrecto, imperfecto o defectuoso en mí, y si realmente me conocieras, no te agradaría. Como resultado de creer esto, crezco buscando demostrar que estoy bien (y no dejo que nadie vea que no lo estoy), o bien crezco con una actitud derrotista y dejo de tratar de demostrar que estoy bien. Elegí el camino anterior basado en el rendimiento. Aunque disfruté del éxito, operé sin saberlo desde un lugar poco saludable, y mis necesidades de conducción permanecieron insatisfechas.

En el fondo, no sabía que estaba bien, de hecho, creía todo lo contrario, y como resultado, no me amaba a mí mismo y era incapaz de amar genuinamente a los demás. A menudo hacía cosas amorosas, pero mis acciones tenían la motivación equivocada.

Puedes imaginar cómo se manifestó esta disfunción en mi matrimonio con Denise. Durante muchos años, ella quiso más de mi corazón, pero no pude ofrecérselo. No podía tener intimidad emocional con ella porque ni siquiera conocía mi propio corazón. Estaba ocupado por un demasiado falso yo, y la intimidad requiere verdad en las partes más íntimas. Solo después de confiar mi corazón a Cristo y permitirle encontrar al verdadero Jerry, podría comenzar el trabajo de curación.

Me siento agradecido de que ya no soy el "buen tipo" (también conocido como "el farsante") que solía ser. Hoy, opero mucho más desde mi verdadero yo creado por Dios. Tratar con mi vergüenza y sus mentiras subyacentes fue enorme. Cuando comencé a dejar que Dios vertiera su amor en lugares dentro de mí que lo necesitaban desesperadamente, también tuve que aprender a amarme a mí mismo, especialmente a mi yo más joven, para que la curación fuera más efectiva.

En Desacuerdo con el Padre

Irónicamente, cuando no nos amamos, en realidad nos volvemos más egoístas. Como Denise y yo hemos compartido nuestras historias, nuestras acciones se convirtieron en un medio para satisfacer nuestras propias necesidades (necesidades de aceptación, seguridad, amor) en lugar de amar a los demás.

Consciente o, a menudo, inconscientemente, interactuamos con las personas, no porque amamos tan profundamente, sino porque necesitamos algo a cambio. Sin embargo, al mismo tiempo, construimos muros de protección que mantienen a otros fuera de nuestro corazón. Así nos volvemos aún más egoístas. Además, hay otra relación que se ve afectada negativamente cuando operamos desde heridas del pasado y no nos amamos a nosotros mismos: nuestra relación con Dios.

"¿Pero Eso No Sería Egoísta?"

Cuando adoptamos varios métodos para hacer frente a lugares no curados dentro de nosotros, obstaculizamos severamente nuestra capacidad de sentir y experimentar el corazón del Dios Padre. Como nos creó para una relación íntima consigo mismo, nos perseguirá y hará lo que sea necesario para restablecer esa intimidad. Al no amarnos a nosotros mismos, no estamos de acuerdo con cómo nos ve y siente acerca de nosotros. Terminamos oponiéndonos a él, sin querer, por supuesto; sin embargo, cuando nuestra autoevaluación se vuelve más importante para nosotros que la evaluación que el Padre hace de nosotros, nuestras acciones se vuelven egocéntricas, en lugar de centradas en Dios.

¡Gracias a Dios hay un camino para salir de este lugar poco saludable! El primer paso es reconocer que amarte a ti mismo como el Padre te ama, no es un acto egoísta. Hacer lo contrario, es estar en desacuerdo con el Padre, y el Padre siempre tiene la razón.

ORACIÓN

Padre, muéstrame cómo me ves y cómo te sientes acerca de mí. Ayúdame a ver si mi visión de mí mismo es diferente de la tuya, si hay partes de mí, partes de mi corazón, que no amo. Quiero estar de acuerdo contigo. Quiero amar lo que amas. Si he sentido que era de alguna manera incorrecto y egoísta mirarme a mí mismo de esta manera o amarme a mí mismo, reconozco que estos pensamientos no provienen de Ti.

Padre, confío en Ti en este proceso y creo que me guiarás cuando me abra a Ti y te permita tener pleno acceso a mi corazón. En el nombre de Jesús, Amén.

PREGUNTAS PARA LA REFLEXIÓN

1. Reflexiona sobre las siguientes declaraciones. Comparte lo que personalmente crees sobre el concepto de amarte a ti mismo.
   - Si me amo mejor, podré amar mejor a los demás.
   - Si me amo menos, tendré una mayor capacidad para amar a los demás.
   - Cuidar nuestros propios corazones no es egoísmo; así es como comenzamos a amar.
   - Si espero actuar y ser perfecto, indudablemente esperaré que otros hagan lo mismo.
2. ¿Puedes decir cuándo alguien te da simplemente porque disfruta bendiciéndote en lugar de cuando alguien da con una necesidad o expectativa? ¿Cómo te hace sentir cada uno de los dos motivos?
3. Como seguidor de Cristo, reflexiona sobre la diferencia entre estar en una comunidad de personas "amables", versus una comunidad de personas "reales". En este momento de tu vida, ¿cuál prefieres? Y ¿por qué?
4. ¿Cómo se ve afectada tu relación con Dios si no has aprendido a amarte a ti mismo?
5. Vuelve a leer la oración que precedió a estas preguntas, o escribe la tuya. Toma nota de cualquier pregunta que necesites hacerte a ti o a Dios sobre amarte a ti mismo.

CAPÍTULO TRES

COMO UN NIÑO

Mirad cuán gran amor nos ha otorgado el Padre, para que seamos llamados hijos de Dios; y eso somos. Por esto el mundo no nos conoce, porque no le conoció a Él.
—1 Juan 3:1 JB Phillips

De todas las Escrituras que el Padre ha enfatizado en nuestro ministerio de curación, algunas de las más profundas se han relacionado con ir hacia él de niños. No importa la edad que tengamos, el Padre todavía se refiere a nosotros como niños. Nos adopta como si fuéramos suyos, e incluso si entregamos nuestras vidas a Dios a los setenta años de edad, debemos ir como niños. Después de todo, en nuestra cultura adoptamos niños, no adultos, y así es con Dios.

Jesús fue muy claro en su posición con respecto a los niños y el reino de Dios. Marcos 10: 13-16 en *El Mensaje* dice:

> Y le traían niños para que los tocara; y los discípulos los reprendieron. Pero cuando Jesús vio esto, se indignó y les dijo: Dejad que los niños vengan a mí; no se lo impidáis, porque de los que son como estos es el reino de Dios. En verdad os digo: el que no reciba el reino de Dios como un niño, no entrará en él. Y tomándolos en sus brazos, los bendecía, poniendo las manos sobre ellos. (Énfasis añadido)

Leamos esto otra vez. Detente e imagina el tono, el volumen, los ojos y las expresiones faciales y corporales de Jesús mientras se dirige a los discípulos.

Una vez que hayas hecho esto, trasládate para ver a Jesús tiernamente dirigiéndose a los niños. Míralo sostener a cada uno, tocar a cada uno, bendecir a cada uno. Detente y siente el amor que viene de su corazón.

Ahora permítete ser uno de esos pequeños que él está reuniendo para sí mismo. Ten en cuenta que no han hecho nada para ganarse su amor. *Simplemente son su verdadero yo.*

Durante el ministerio de Jesús, él solo hizo lo que su Padre estaba haciendo (Juan 5:19). Cuando vemos a Jesús, vemos al Padre (Juan 14: 9). Entonces, cuando Jesús expresa la importancia de los niños y la infancia, es porque son queridos por el corazón del Padre.

Alejar Cosas Infantiles

El apóstol Pablo escribió: "Cuando yo era niño, hablaba como niño, pensaba como niño, razonaba como niño; pero cuando llegué a ser hombre, dejé las cosas de niño." (1 Corintios 13:11 NKJV). Usando esta Escritura como guía, veamos algunos ejemplos de los tipos de cosas infantiles que debemos guardar.

Cuando era un niño, yo . . .
- *Hablaba como niño*: "Eso es mío". "No puedes tener ninguna". "voy a contar." "Mamá, él me está tocando". "Quédate de tu lado".
- *Entendía como niño*: "Él me tocó primero". "Es su culpa." "Él empezó". "¿Por qué no puedo ir?" "¿Por qué ella va?" "No es justo."
- *Pensaba como niño*: "Si mamá y papá no están contentos, debe ser mi culpa". "Si me esfuerzo más para ser realmente bueno, ya no estarán enojados". "Si yo fuera un niño/niña, me amarían".

En la edad adulta, el infantilismo aparece cuando tienes que hacerlo a tu manera o tener la última palabra; cuando eres terco, irracional o malo; cuando intimidas a otros, haces berrinches o muestras arrebatos de emoción. O tal vez eres tímido, temeroso e inseguro: temes hacer amigos (puede que no les agrades) o temes levantar la mano o dar una opinión diferente (podrías hacer una pregunta estúpida o dar la respuesta incorrecta). Por otra parte, tal vez te convertiste en un pequeño adulto desde el principio y fuiste muy responsable para tu edad. Aprendiste a verte bien delante de los demás. Todo lo anterior son cosas infantiles que hay que guardar.

La Belleza de un Corazón Infantil

Si bien no hay virtud en ser in*fantil*, hay características *infantiles* que nunca deberíamos superar. Siempre deben ser nuestra verdadera naturaleza ante el Padre. Como sus hijos, Dios quiere que seamos *vulnerables*, en una posición de necesitar su cuidado y protección. Aunque podemos aprender que la vulnerabilidad nos prepara para ser lastimados, el Padre nos pide que nos presentemos con todos nuestros muros y defensas, *confiando en* que Él está con nosotros, que nos conoce, nos ama y nos disfruta.

Un niño es *imperfecto* y permanece imperfecto durante toda la vida. La perfección es quién Dios es y nosotros no tenemos que esforzarnos por serlo.

Un niño es *espontáneo* y *creativo*, hecho a semejanza de nuestro Padre Creador.

Un niño *no está completamente desarrollado*. Los niños deben recibir el mensaje de que está bien aprender y crecer como parte natural de sus vidas. Como hijos de Dios, siempre estamos en un proceso de crecimiento, que nuestro Padre acepta y comprende.

Un niño es *dependiente*, con necesidades y deseos que deben ser reconocidos y conocidos, necesidades tales como amor, afecto, aceptación y un sentido de pertenencia. Dios estima altamente la dependencia como una característica de nuestra condición y posición actual con Él. Nunca superamos nuestra necesidad de apoyarnos en Él, de ser débiles para que Él pueda ser fuerte en nuestro nombre.

Un niño es *valioso, único y especial para el Mismísimo Dios.*

Él planeó para nosotros desde el principio y nos unió en el útero de nuestra madre. Nunca ha habido y nunca habrá otro como nosotros.

Algunos se refieren a esta parte infantil en nosotros como nuestro *verdadero yo,* nuestro *yo privado,* el niño en nosotros, o el *niño interno*. Como lo llamemos, todos podemos reconocer que hay más cosas en nosotros de lo que nos damos cuenta. Henri Nouwen, en su libro *The Inner Voice of Love (La Voz Interior del Amor)*, se refiere al niño interior como nuestro cordero.

> Hay dentro de ti un cordero y un león. La madurez espiritual es la capacidad de dejar que el cordero y el león se acuesten juntos. Tu león es tu yo adulto, agresivo. Es tu iniciativa para tomar y decidir. Pero también está tu cordero temeroso y vulnerable, la parte tuya

que necesita afecto, apoyo, afirmación y cuidado. Desarrollar tu identidad como *hijo* de Dios, de ninguna manera significa renunciar a tus responsabilidades. Del mismo modo, reclamar tu identidad adulta, de ninguna manera significa que no puedes convertirte cada vez más en un *hijo* de Dios. De hecho, es todo lo contrario. Mientras más te sientas seguro como *hijo* de Dios, más libre serás para reclamar tu misión en el mundo como un ser humano responsable. Y cuanto más afirmes que tienes una tarea única que cumplir para Dios, más abierto estarás para permitir que se satisfaga tu necesidad más profunda.[4] (Énfasis agregado)

Nuestro Espíritu (y Corazón) dentro de Nosotros

También podemos referirnos a la parte infantil dentro de nosotros como nuestro espíritu, ya que constamos de cuerpo, alma y espíritu (Hebreos 4:12). Es nuestro espíritu, que Dios respira en nosotros al momento de la concepción y deja nuestro cuerpo tras nuestra muerte, el que es consciente de todo lo que ha sucedido en el transcurso de nuestras vidas.

Las Escrituras a menudo usan la palabra *corazón* cuando se refieren a nuestro espíritu. Mike Mason, en su excelente libro *The Mystery of Children (El Misterio de los niños)*, afirma lo siguiente con respecto a este tema del espíritu/corazón:

> Jesús quiere que seamos como niños porque nuestro espíritu vivió más cerca de la superficie durante nuestra infancia. En la infancia nuestros corazones son los más transparentes, más vulnerables, más maleables que pueden ser. Crecer, generalmente significa cubrir nuestro espíritu cada vez más con carne. Dios quiere que seamos la persona que realmente somos, la persona para la que nacimos ser. Convertirse en un niño implica quitar las máscaras para volver a nuestro rostro real de mejillas sonrosadas y ojos brillantes.[5]

John Eldredge, en su libro *Salvaje de Corazon: Wild at Heart*, comparte sobre este concepto utilizando el personaje principal de la película *Antwone Fisher* para marcar su punto.

En sus sueños nocturnos, Antwone se ve a sí mismo como un niño de cinco o seis años. Ese fue el momento en su vida en el cual su corazón estaba roto. Así de viejo se siente cuando se permite sentir la angustia enterrada en su interior. Creo que es más que un sentimiento. Creo que hay una parte de su alma [o espíritu/corazón] que tiene seis o siete. Cuando nos suceden cosas devastadoras, especialmente cuando somos jóvenes, tienen el poder de romper nuestros corazones. Literalmente. Algo en el alma se hace añicos y permanece atascado en la edad que teníamos cuando llegó el golpe...

¿No has tenido esa experiencia en la cual de repente una parte de ti se siente muy joven? Tal vez alguien se enoje contigo y amenace con dejarte, tal como sucedió cuando eras niño. Tal vez te hayan pedido que des una charla ante una multitud, y algo en ti se congele. Un grupo de hombres se ríe y bromea fácilmente, pero no puedes unirte. Algo sucede que fue muy parecido a algo que te lastimó cuando eras joven, y en ese momento no te sientes como un adulto en absoluto. Te sientes como un niño por dentro. La razón por la que te sientes así es que una parte de ti sigue siendo un niño.[6]

Nuestra Imagen de Dios

Dios nos hace totalmente dependientes de los padres o cuidadores durante los primeros cinco años de nuestras vidas. Nuestros padres se vuelven como dioses para nosotros. En un mundo perfecto, esto sería algo bueno.

Ahora, pintemos una escena que ocurre cuando un niño alcanza los cinco años de edad. El niño se acerca a su madre y a su padre, y les pregunta: "Mamá y papá, ¿cómo es Dios?" (Incluso si esta pregunta nunca se expresa en voz alta, el espíritu del niño hará la pregunta y sacará sus propias conclusiones). Los padres pueden mirar a su hijo y decir: "Sabes, Dios se parece mucho a nosotros, es amoroso, amable y paciente. Él está orgulloso de ti y siempre está ahí cuando lo necesitas. Eres un tesoro para él y él te ama, pase lo que pase. Le gusta pasar tiempo contigo y te canta una canción especial por la noche, que es solo para ti. Y, a partir de su amor, él te disciplina para ayudarte a crecer".

Imagina al niño que escucha estas palabras de su mamá y su papá con los ojos abiertos. ¡Guau! Esta es una gran noticia, casi demasiado buena para ser verdad. Con padres como estos, ¿pueden ver cuán fácil sería la transición a cómo ese niño ve al Dios Padre?

Es una responsabilidad desalentadora saber que, como padres y cuidadores, reflejamos a Dios en un niño. Esto significa que tendremos que apoyarnos mucho en Dios (y eso es lo que él quiere).

En el asesoramiento, vemos personas de todos los ámbitos de la vida que tienen una visión distorsionada de Dios, el Padre, porque sus padres lo tergiversaron. No importa si el cliente es misionero, pastor, líder musical o doctor en teología. *La mayor influencia sobre cómo una persona ve a Dios no es su conocimiento de las Escrituras. Es la representación o tergiversación de Dios, que esa persona vio reflejada por sus padres.*

No podemos comenzar a contar la cantidad de personas que nos han dicho: "Sé en mi cabeza que Dios me ama, pero no lo siento en mi corazón". Esta es la gran desconexión con la que el Padre quiere lidiar en cada uno de nosotros.

Un pastor, después de una semana de orientación con nosotros, compartió de manera vulnerable en su mensaje del domingo que, aunque sabía que Dios lo amaba, era la primera vez él experimentaba una profunda revelación de "Jesús me ama, lo sé" en lo profundo de su corazón. ¡Guau! Decir que fue transformado por su experiencia no le hace justicia. Esta es la muy, *m-u-y* buena noticia del Padre en acción.

Otra persona a la que orientamos, una líder cristiana en los negocios, tuvo una experiencia personal en la que Dios le mostró cómo la homenajeó cuando ella nació, aunque nadie más lo hizo. Esta mujer compartió con nosotros que antes de su concepción, su madre había perdido a dos bebés al nacer o justo después, y el médico les había informado a sus padres que no esperaran que este tercer hijo viviera. Como resultado, no hicieron la típica planificación para su infancia. No le dieron un nombre, y no le compraron cunas, pañales ni camas para dormir. Sus padres no la reconocieron en la guardería del hospital durante tres días después de su nacimiento porque creían que iba a morir. Esta temprana herida de abandono la impactó profundamente.

Pero Dios llegó a nuestro cliente de una manera profunda y personal, y trajo la curación a su espíritu. Cuando compartió con su esposo la increíble alegría y el amor que Dios le había mostrado en su corazón, ella le dijo: "Esta orientación es, o bien un jardín de infantes (de vuelta a "Jesús me ama, lo sé") o un doctorado en su amor." En la escuela del Espíritu de Dios, estamos seguros de que son ambos.[7]

Cuando Ted recuerda las palabras críticas que le decía su padre, lo oye con el sonido de un látigo de cuero crudo: *¡golpe!* Supéralo. ¡Golpe! "Tómalo como hombre y continúa". ¡Golpe! "Eso no dolió". ¡Golpe! "Deja de llorar, bebé". ¡Golpe! "Te daré algo por lo que llorar". ¡Golpe! "Respira como un hombre". ¡Golpe! "Eres una vergüenza para la familia". ¡Golpe! "Eres un nenito de mamá". ¡Golpe!

A medida que crecía, Ted recogió las lecciones de cuero crudo de su padre y usó el látigo sobre sí mismo. ¡Golpe!

Ahora su corazón no necesita una curita. Necesita cirugía para extraer el tejido dañado y restaurar el flujo sanguíneo a la parte que se endureció hace mucho tiempo. Para verse lo suficientemente bien por fuera, Ted aprendió a actuar. No solo exigía la perfección de sí mismo, sino que también la esperaba de los demás. Ahora, a los cuarenta y nueve años, su mundo interno se está desmoronando. De repente, Ted se siente fatigado, deprimido y abrumado. Por primera vez, no puede hacer malabares.

¿No es de extrañar que Ted tenga problemas para creer que Dios realmente está allí con él y para él, que Dios se deleita en él, se jacta de él, disfruta cada pequeño detalle de él; que Dios conoce cada cabello en la cabeza de Ted; que estuvo íntimamente involucrado en cada detalle al crear al único Ted, uniéndolo durante nueve meses al vientre de su madre?

Ted está en el comienzo: los primeros pasos en la recuperación. Ahora está listo para admitir que su vida está fuera de control y que no tiene poder sobre sus comportamientos disfuncionales y sus creencias irracionales. Si pudiera superar sus problemas por sí mismo como lo hizo en el pasado, lo haría, pero no puede. Ted ahora se vuelve hacia el Padre con un corazón cedido y vaciado de orgullo, al ver su falso público, su autoengaño, su debilidad y su insuficiencia. Una vez más se encuentra viniendo como si tuviera tres años: hambriento, sediento, pobre y necesitado. A medida que establece su independencia, se encuentra justo en el regazo del Padre, un lugar de dependencia que nunca más necesita abandonar.

Evaluar Tu Visión del Dios Padre

Aquí hay un ejercicio que a menudo es útil para conectar los puntos en cuanto a cómo los padres durante nuestros años de desarrollo pueden afectar nuestra visión de Dios como adultos. Considera cuidadosamente las siguientes listas de descripciones a medida que completas las siguientes oraciones:

- Al crecer, veía a mi padre como_____.
- Al ccrecer, veía a mi madre como_____.
- Hoy, veo a Dios como____.

Distante e indiferente	o cercano e interesado
Insensible y desconsiderado	o afectuoso y compasivo
Duro, exigente e irrazonable	o considerado, amable y gentil
Distante e independiente	o interesado e involucrado
Intolerante e impaciente	o solidario y paciente
Enojado, malo y castigador	o amoroso, comprensivo y protector
Controlador y manipulador	o amable y misericordioso
Condenatorio o acusador	o indulgente y tierno
Crítico o perfeccionista	o alentador y afirmante

Cuanto más difícil sea para ti sentir en tu corazón (no solo saber en tu mente) que Dios es como las descripciones en la columna de la derecha, más necesitas curación para las heridas de tu infancia. Muchas personas han venido a nosotros a lo largo de los años porque quieren tener una relación más profunda con Dios. Si ese eres tú, nuestra receta para ayudarte no se encuentra en leer más la Biblia, en hacer más devociones o más memorización de versículos. Se encuentra en permitir que el Padre revele las raíces del dolor, el miedo, el rechazo y la vergüenza, y dejar que sane tu corazón, el corazón del niño, para que finalmente puedas "acercarte a él como un niño".

Carta a Un Niño Perdido

Una forma en que sugerimos a las personas que aconsejamos para que se ayuden a sí mismos a acercarse a Dios cuando son niños, es que ellos afirmen al niño que está dentro escribiéndole. Aquí hay una carta que uno de ellos escribió después de darse cuenta de su falta de amor o cuidado por sí mismo y el impacto en su vida como adulto:

Pequeño Sam,

Antes que nada, quiero que sepas que siento haberte mantenido tan escondido, escondido de mí y de aquellos a quienes amo. El diseño especial y único de Dios de quien soy está escondido en ti, mi verdadero hijo. Te necesito. Te necesito para estar completo. Pensé que estaríamos mejor si te encerraba y te apagaba. Me avergonzaron tus sentimientos. No entendí que los niños simplemente sienten. Decidí que no necesitaba sentimientos, pero estaba equivocado. Sé que te sentiste impotente para defenderte, así que te volviste una persona enojada para ahuyentar a cualquiera... que te avergonzara. Recuerdo enojarme mucho y actuar muy mal para que otros me dejaran en paz. Pero ahora he estado solo demasiado tiempo y ya no quiero vivir así. Mi esposa y mis hijos están cansados de mi ira. Hemos aprendido a alejar a las personas que más amamos. Perdí mucho cuando te abandoné, y no estoy dispuesto a perder a mi familia también.

Lamento ser tan duro y malo contigo, los lugares tiernos en mi corazón. ¿Me perdonarás por no amarte y cuidarte? Prometo no golpearte. Te dejaré tener tu lugar legítimo dentro de mí para que podamos ser uno. No pude identificar y procesar las emociones adecuadamente, así que hice lo único que sabía hacer para proteger mi corazón blando: creé un caparazón duro a su alrededor. Pero ese caparazón ha mantenido a otros fuera de nuestras vidas y al alcance de la mano. Le he pedido a nuestro Padre que retire ese caparazón y nos haga suaves y flexibles nuevamente. Él es nuestra defensa ahora. Podemos descansar y aprender a SER. Dejo todos mis esfuerzos para tener todas las respuestas y defenderme. Ahora veo que mi yo enojado y malo era solo un indicador de un niño que estaba herido y asustado. Quiero que sepas que podemos hacerlo juntos. Hay mucho que quiero aprender de ti. Si el Padre dice: "Ven como un niño", entonces confío en Su Palabra y confío en que me lleves a donde necesito ir para encontrarme con Él cara a cara. Gracias por regresar a casa.

Te quiero,

Sam (el adulto)

Apoyado en el Brazo de Nuestro Amado

Yo (Denise) amo las palabras en Oseas 2: 14-15: "Por tanto, he aquí, la seduciré, la llevaré al desierto, y le hablaré al corazón. Le daré sus viñas desde allí, y el valle de Acor [acor es la palabra hebrea para problema] por puerta de esperanza".

En Cantar de los Cantares 8: 5, el objeto del amor de Dios surge en su verdadera identidad: "¿Quién es esta que sube del desierto, recostada sobre su amado?"

Aplicando estas palabras a nosotros, vemos al Señor en su amor insondable que nos hace apoyarnos en él una vez más, dependientes como los niños, al atraernos al desierto. De acuerdo con su plan y oportunidad, tiene la intención de transformar nuestros valles de problemas, las heridas de nuestro corazón, en puertas de gran esperanza.

ORACIÓN

Jesús, tu ministerio aquí en la tierra hizo un lugar para los niños. Tu corazón estaba, y todavía está, mirando hacia ellos. Te invito a que me muestres más sobre el niño dentro de mí. ¿Mi corazón está volcado hacia ese niño? ¿Abrazo a este niño como tú? ¿O preferirías, como tus discípulos, ahuyentar al niño porque hay cosas más importantes que atender?

¿Yo, como un niño, participo en la maravilla y la alegría de Tu creación? Jesús, revelas el corazón de tu Padre. Quiero que mi corazón esté de acuerdo contigo y tu padre sobre el niño dentro de mí. Quiero ser sanado y estar íntegro, cada parte de mí, y te invito a que reveles dónde resultó herido este niño y traigas tu amor sanador a esos lugares.

Por favor, muéstrame dónde se ha distorsionado mi imagen de ti y ayúdame a verte a ti y a tu corazón desde un lugar de verdad. Por tu gracia, abrazaré a mi hijo dentro y te traeré esa parte de mí. Confío en ti en este viaje. En tu nombre oro, amén.

PREGUNTAS PARA LA REFLEXIÓN

1. Revisa la sección, "Alejar Cosas Infantiles". ¿Cómo describirías las diferencias entre ser infantil y ser inmaduro? Comparte algunos ejemplos cotidianos.
2. ¿Qué cualidades infantiles te gustaría demostrar en tu vida adulta? ¿Hay alguna característica infantil que preferirías no incorporar en tu vida? Comparte sus pensamientos o sentimientos detrás de tus selecciones.
3. Considera tus respuestas a la sección "Evaluar tu visión del Dios Padre". Ya sea que sean buenos, malos o feos, identifica las descripciones aplicables de cómo veías a tu padre y a tu madre (o cualquier otro cuidador que se ajuste a cualquiera de los roles) cuando estabas creciendo. ¿Cómo ves a Dios hoy?
4. Medita esta afirmación: "El mayor impacto en cómo vemos a Dios no es nuestro conocimiento de las Escrituras, sino la representación o representación errónea de Dios que vimos reflejada en nuestros padres". ¿Cuán verdadera es esta afirmación en tu propia experiencia de vida?
5. Lee y reza lentamente la oración final en voz alta. Pídele a Jesús que trabaje en tu corazón. Ahora respira hondo y cede el paso a Jesús para tu curación.

CAPÍTULO CUATRO

¿QUÉ SIENTE DIOS— SOBRE NOSOTROS?

> *Siento que seré el cordero perdido que Jesús va persiguiendo en la fría oscuridad hasta encontrarlo, cuando todo el resto del buen rebaño esté a salvo en el granero, solo para que sacuda su cabeza,*
> *me recoja con un suspiro y se pregunte por qué me aguanta. Me pregunto si alguna vez hubo un momento en mi vida en el que me miró con placer, o si siempre estuvo decepcionado conmigo. ¿Fue algo que hice?*
> *¿O solo quién soy?*
> —Una sobreviviente de abuso que comparte cómo ve a Dios

Uno de los temas que vemos en el asesoramiento es la falta de conciencia personal de nuestros clientes y la conexión con lo que Dios siente, no sobre sus pecados o sus fracasos, o incluso sus éxitos, sino sobre ellos.

Sobre nosotros. Acerca de *ti*.

Muchos a los que aconsejamos inicialmente dirán que saben cómo los ve Dios. Después de todo, la Biblia lo deja claro, ¿verdad? Sin embargo, cuando hacemos las preguntas, "¿Cómo se siente el Padre acerca de ti?" o "¿Cómo se sintió el Padre cuando te sucedió eso?" no saben qué decir. Nunca han pensado en cómo *se siente* Dios cuando se trata de ellos personalmente.

Una vez más, vemos la gran desconexión entre lo que nuestra cabeza sabe y lo que nuestro corazón siente.

¿Dios Tiene Sentimientos?

¿Dios tiene sentimientos o emociones? Mientras que algunos pueden argumentar que Dios normalmente no se describe en tales términos, las Escrituras ofrecen muchos ejemplos de lo contrario. Por ejemplo, Jeremías 31: 3 declara lo siguiente con respecto a la actitud del Señor hacia su pueblo: "Desde lejos el Señor se le apareció, diciendo: Con amor eterno te he amado, por eso te he atraído con misericordia". La palabra hebrea para *amor* en este pasaje es la misma palabra que se usa muchas veces en el Antiguo Testamento. Significa *tener un fuerte apego emocional y desear poseer o estar en presencia de otro.* Incluye el amor entre un hombre y una mujer, así como el amor que un padre siente por un hijo. Es más que una acción amorosa, también son los sentimientos relacionados.

Nuevamente refiriéndose a Dios y a su pueblo, Israel, Isaías 66:13 dice: "Como uno a quien consuela su madre, así os consolaré yo; en Jerusalén seréis consolados". La palabra hebrea para consuelo, usada en muchos lugares en el Antiguo Testamento, significa *las acciones y sentimientos de consuelo, como consuelo, tranquilidad o aliento, que se transmiten de uno a otro.*

El Nuevo Testamento proporciona muchos ejemplos de Jesús expresando emoción. Por ejemplo, Juan 13:23 describe a Juan como "Uno de sus discípulos, el que Jesús amaba". La palabra *amor* aquí no se refiere a una acción amorosa, sino al tierno afecto de Jesús hacia Juan.

En efecto, el autor del libro de Juan se ha descrito *a sí mismo* como a quien Jesús amaba. Piensa en ello. ¿Qué pasaría si camináramos por allí diciendo lo mismo acerca de nosotros mismos, "Soy a quien Jesús ama"? Algunos podrían pensar que es orgulloso, pero, sin embargo, ¡estaríamos perfectamente en línea con lo que Dios siente por nosotros!

Como consejeros, podríamos proponer lo anterior como un ejercicio de curación, un verso de memoria para el día (para toda nuestra vida, en realidad) "Yo soy a quien Jesús ama". Suena bien, ¿no? Qué cambio tan maravilloso haría a nuestro diálogo interno habitual.

Jesús mostró emoción dramáticamente justo antes de levantar a Lázaro de la muerte. Juan 11:35 registra el versículo más corto de la Biblia con las palabras simples, pero profundas, "Jesús lloró".

Mateo 23:37 MSG registra que Jesús se lamentaba, lloraba, se apenaba, afligía de su propio pueblo, Israel. "¡Jerusalén, Jerusalén, la que mata a los profetas y apedrea a los que son enviados a ella! ¡Cuántas veces quise juntar a tus hijos, como la gallina junta sus pollitos debajo de sus alas, y no quisiste!"

En el evangelio de Marcos 3:1–5 MSG, sé testigo de la intensa ferocidad de Jesús:

> Otra vez entró Jesús en una sinagoga; y había allí un hombre que tenía una mano seca. Y le observaban para ver si lo sanaba en el día de reposo, para poder acusarle. Y dijo* al hombre que tenía la mano seca: Levántate y ponte aquí en medio. Entonces les dijo*: ¿Es lícito en el día de reposo hacer bien o hacer mal, salvar una vida o matar? Pero ellos guardaban silencio. Y mirándolos en torno *con enojo*, entristecido por la dureza de sus corazones, dijo* al hombre: Extiende tu mano. Y él la extendió, y su mano quedó sana. (Cursiva agregada)

Juan 2:14–17 AMP habla de otro momento en que la ira y la indignación de Jesús estallaron en una acción electrizante. Furioso con los cambistas de dinero en el templo que estaban contaminando la casa de su padre, volcó sus mesas. "Sus discípulos se acordaron de que estaba escrito: El celo por tu casa me consumirá".

Jesús también mostró una alegría manifiesta. Cuando los setenta y dos discípulos que había enviado en un "viaje ministerial" regresaron y compartieron con entusiasmo sus experiencias con él, Lucas 10:21 dice que Jesús estaba lleno de alegría. La raíz griega de la palabra *alegría* en este pasaje en realidad significa *saltar de alegría*. Algunos dicen que Jesús literalmente saltó y giró alrededor con deleite.

Si lo viéramos mostrar tanta emoción hoy, sin duda nos haría sentir incómodos a muchos de nosotros. ¡Incluso quizás podríamos decirle que lo atenúe!

Algunos clientes han podido relacionarse con Jesús en su humanidad, pero parece que no pueden ver al Padre de la misma manera. Pero las palabras de Jesús al apóstol Felipe en Juan 14:9 también se aplican a nosotros: "El que me ha visto a mí, ha visto al Padre". Ahí está, justo ante nuestros ojos, más buenas noticias:

Cualquiera que haya visto a Jesús también ha visto al Padre.
Cualquiera que haya visto a Jesús en toda su ternura, gentileza, compasión, intensa honestidad, tenacidad, justa ira, gracia y amor, también ha visto al Padre. Jesús refleja perfectamente al Padre y está impreso con su propia naturaleza. Por lo tanto, podemos concluir que los sentimientos del corazón de Jesús —la gama completa y la profundidad de sus emociones— reflejan fiel y completamente los sentimientos del corazón de su Padre.

¿Por Qué Es Importante Saber Lo Que Dios Siente?

Tal vez te preguntes: "¿Es realmente tan importante saber que el Padre siente y saber *qué* siente?"

Absolutamente, importa mucho. Es importante para que puedas decir: "Sé que Dios me ama". Pero decir: "Puedo sentir sus sentimientos de amor por mí", traslada la verdad fundamental del amor de Dios por ti a tu corazón.

Por ejemplo, cuando nos afligimos por una pérdida significativa, ya sea una pérdida de la infancia o de hoy, si podemos sentir que el Padre se aflige con y por nosotros, nos atrae más profundamente a su corazón y abre la puerta para una mayor curación e intimidad con él. Hace que las palabras en el Salmo 34:18 sean aún más significativas: "Cercano está el Señor a los quebrantados de corazón, y salva a los abatidos de espíritu." (Parafraseando el nuestro).

En Juan 17:23, Jesús dijo que el amor del Padre por nosotros es lo mismo que el amor que siente por Jesús. Saber esto es muy importante. Pero también *sentir* este amor del Padre lo lleva a otro nivel, un nivel que creemos que Dios desea para todos nosotros.

Además, sentir las emociones del Padre, incluido el grito de su corazón de que volvamos nuestros corazones hacia él, puede motivarnos de formas que de otra manera no sucederían. Según Romanos 2:4, es la bondad y la generosidad de Dios lo que nos lleva al arrepentimiento, es decir, al cambio. Sin embargo, si no podemos sentir su bondad y generosidad hacia nosotros, entonces, hacer cualquier cambio que él desee será más difícil, aunque sea por nuestro propio bien. Nos encontraremos confiando en nuestras buenas intenciones y nuestra fuerza de voluntad: lo que debemos y tenemos que hacer para cambiar. Ese enfoque no lleva a ninguna parte. Cuando la bondad y el tierno apoyo de Dios quedan fuera de escena, experimentamos un cambio temporal en el mejor de los casos y, en última instancia, estamos condenados a fallar en nuestra propia capacidad.

Momentos Decisivos de Curación

La curación de nuestros corazones es más un viaje que un evento. Sin embargo, Denise y yo hemos experimentadocon las personas que aconsejamos, momentos en que el Padre irrumpe en nuestros corazones. A veces puede ayudar posicionarnos para tales avances. Dejamos de estar ocupados y permitimos que nuestros corazones crezcan lo suficiente como para sentir; o encontramos un lugar tranquilo para escribirle a Dios; o ponemos música y descansamos en un ambiente tranquilo.

Sin embargo, los momentos decisivos, a menudo, llegan cuando menos los esperamos y nuestra guardia está baja.

Yo (Jerry) recuerdo varios de estos momentos poderosamente emocionales hace varios años, cuando estaba atravesando la parte más profunda de mi viaje de curación. Recuerdo una vez específicamente. Denise y yo vivíamos al sur de Houston, y nos encontramos después del trabajo en un teatro para ver la película *El Campo de los Sueños*. De camino a casa, conduciendo solo, lloré tanto que casi tuve que parar. Las compuertas finalmente se abrieron esa noche, y mi profundo dolor por mis necesidades insatisfechas por el amor, la atención y el afecto de mi padre terrenal se desbordó.

Recuerdo ese momento decisivo muy claramente, aunque sucedió hace mucho tiempo. Esa noche, en medio del dolor, Dios hizo algo en mi corazón, que trajo un ungüento curativo a mis heridas.

Donald Miller, en su libro *Father Fiction*, comparte cómo le llegó un momento decisivo:

> ... Fue la semana anterior al Día del Padre, y algunos de mis amigos me dijeron que estaban planeando grandes cenas o viajes para estar con sus padres. Tal vez, fue porque estaba muy cansado después de

un viaje que hice, o tal vez, fue porque el Día del Padre es un concepto extraño para mí, como celebrar relaciones con extraterrestres, pero en una noche en particular, yo sentí mi alma derrumbarse. Estaba luchando contra una fecha límite con respecto a mi escritura y sentía, como lo hago a menudo, que cualquier libro que escribiera solo llegaría al mundo para ocupar un lugar en la biblioteca. Quería que un padre entrara por la puerta y me dijera que esto no era cierto, que estaba aquí a propósito y que tenía un propósito, y que una familia y un padre, e incluso un mundo, necesitaban que yo existiera para ser más felices. Y se me ocurrió, entonces, que un padre no iba a cruzar la puerta, que no habría ánimo, que no habría voz de calma . . . Se me ocurrió que esto nunca sucedería. Por primera vez en mi vida, me di cuenta, en el fondo, que nunca tuve un padre.

No lloro mucho, pero esa noche sí lloré. Lo perdí. Empujé mi computadora a un lado y enterré mi cabeza en mi almohada como un niño y sollocé. Sollocé por casi una hora. Odio decir esto porque suena muy débil, y no me gustan los dramatismos, pero recuerdo la noche bastante bien, y no había duda de que algo se había abierto.

Alguien dijo que darse cuenta de que estamos rotos es el comienzo de la curación. Y, para mí, parte de la curación comenzó esa noche.[8]

Encontrar al Padre y Sus Sentimientos en Medio de Nuestro Dolor

Uno de los dilemas en el proceso de curación es el siguiente: necesitamos desesperadamente que Dios se acerque a nuestras zonas heridas y sane lo que se perdió o dañó en nuestros corazones. Sin embargo, esas mismas heridas nos hacen proteger nuestros corazones y nuestras emociones de confiar en los demás, especialmente en Dios. Es posible que tengas algunos problemas muy reales y significativos con Dios, por permitirte experimentar el abuso, la negligencia y el rechazo. ¿Por qué no te rescató y protegió de la manera en que un padre debería haberlo hecho? Y, ¿Dios podría haberlo hecho? No es raro trabajar a través de estas luchas con Dios en el proceso de curación.

Mientras ayudamos a las que personas que aconsejamos a lidiar con su imagen de Dios, tratamos de caminar con cada uno hacia el corazón del Padre y descubrir su bondad. Él es bueno sin importar qué, incluso cuando no entendemos sus caminos.

Para mí (Jerry), un momento particularmente importante e íntimo con Dios llegó durante el período más intenso de mi viaje de curación. Hubo otras ocasiones en las que tuve que luchar con Dios con respecto a las preguntas que tenía sobre mi infancia. Pero lo que hizo que este período de curación fuera tan poderoso, fue poder sentir el corazón de mi Padre hacia mí. Cada vez que sentía un dolor significativo por los eventos de mi juventud, también podía sentir Su dolor. Su dolor por mí y mi situación. Su pena, pero, al mismo tiempo, su esperanza para mi futuro. *Sentí sus sentimientos durante ese difícil tramo de mi camino de curación*, y eso es lo que me motivó a seguir adelante.

Esta conciencia de cómo Dios se sentía hacia mí me sorprendió al principio, pero pronto llegué a esperarlo. Sabía que estaba conmigo y que lo que estaba haciendo, buscando la curación, era lo que Él quería para mí.

Una Carta al Padre Abba, Personalizada

Una herramienta muy útil que utilizamos para ayudar a los clientes a ver el corazón del Padre Dios hacia ellos es "La Carta de Amor del Padre". Esta carta, desarrollada por el cofundador de father-heart.tv, Barry Adams, es una recopilación de las Escrituras que comunican el amor de Dios como nuestro verdadero Padre. Ha dado la vuelta al mundo en varios formatos y ahora está en al menos noventa idiomas diferentes.[9]

Además de compartir esta carta con nuestros clientes, la hemos modificado para expresar sus verdades desde la perspectiva del destinatario, que habla con el Padre en lugar de que el Padre nos hable a nosotros. Al resultado le llamamos la "versión personalizada", y lo compartimos contigo aquí como nuestra invitación para que la adoptes y reflexiones sobre el corazón del Dios Padre hacia ti. Al leer esta carta, presta especial atención a la expresión de los sentimientos que acompañan a muchas de las palabras y frases.

EL MANDAMIENTO PERDIDO: ÁMATE A TI MISMO

Querido Abba,

Puede que no siempre te haya conocido, pero tú has sabido todo sobre mí (Salmo 139:1). Sabes cuando me siento y cuando me levanto (Salmo 139:2). Conoces todos mis caminos (Salmo 139:3). Incluso cada pelo de mi cabeza está contado (Mateo 10:29–31). Fui creado a tu imagen (Génesis 1:27), y en ti vivo, me muevo y tengo mi ser (Hechos 17:28). Porque yo soy tu descendencia (Hechos 17:28). Me conocías incluso antes de que fuera concebido (Jeremías 1:4–5). Me elegiste cuando planificaste la creación (Efesios 1:11–12). No me equivoqué, porque todos mis días están escritos en tu libro (Salmo 139:15–16). Determinaste la hora exacta de mi nacimiento y dónde viviría (Hechos 17:26). Estoy temeroso y maravillosamente hecho (Salmo 139:14). Me entretejiste en el vientre de mi madre (Salmo 139:13) y me sacaste a luz el día que nací (Salmo 71:6).

Has sido tergiversado por aquellos que no te conocen (Juan 8:41-44). No estás distante ni enojado, pero eres la expresión completa del amor (1 Juan 4:16). Es tu deseo prodigarme tu amor (1 Juan 3:1), simplemente porque soy tu hijo y tú eres mi Padre (1 Juan 3:1). Me ofreces más de lo que mi padre terrenal podría (Mateo 7:11), porque tú eres el Padre perfecto (Mateo 5:48). Todo buen regalo que recibo viene de tu mano (Santiago 1:17), porque tú eres mi proveedor y tú satisfaces todas mis necesidades (Mateo 6:31–33). Tu plan para mi futuro siempre ha estado lleno de esperanza (Jeremías 29:11), porque me amas con un amor eterno (Jeremías 31:3). Tus pensamientos hacia mí son tan innumerables como la arena en la orilla del mar (Salmo 139: 17-18), y te regocijas conmigo cantando (Sofonías 3:17). Nunca dejarás de hacerme bien (Jeremías 32:40), porque soy tu posesión más preciada (Éxodo 19:5). Deseas establecerme con todo tu corazón y toda tu alma (Jeremías 32:41), y quieres mostrarme cosas grandiosas y maravillosas (Jeremías 33:3).

¿Qué Siente Dios—Sobre Nosotros?

Si te busco con todo mi corazón, te encontraré (Deuteronomio 4:29). Cuando me deleite en ti, cumplirás los deseos de mi corazón (Salmo 37:4), porque eres tú quien me dio esos deseos (Filipenses 2:13). Puedes hacer más por mí de lo que podría imaginar (Efesios 3:20), porque eres mi mayor aliento (2 Tesalonicenses 2:16-17). También eres el Padre que me consuela en todos mis problemas (2 Corintios 1:3-4). Cuando tengo el corazón roto, estás cerca de mí (Salmo 34:18). Como un pastor lleva un cordero, me has llevado cerca de tu corazón (Isaías 40:11). Un día limpiarás cada lágrima de mis ojos (Apocalipsis 21:3-4), y me quitarás todo el dolor que he sufrido en esta tierra (Apocalipsis 21:3-4).

Eres mi Padre, y me amas como amas a tu Hijo, Jesús (Juan 17:23), porque en Jesús, tu amor por mí se revela (Juan 17:26). Él es la representación exacta de tu Ser (He- elabora 1:3). Jesús vino para demostrar que estás para mí, no contra mí (Romanos 8:31), y para decirme que no estás contando mis pecados (2 Corintios 5:18-19). Jesús murió para que tú y yo pudiéramos ser reconciliados (2 Corintios 5:18-19). Su muerte fue la máxima expresión de tu amor por mí (1 Juan 4:10). Padre, renunciaste a todo lo que amabas para poder ganar mi amor (Romanos 8:31-32). Si recibo el regalo de tu hijo Jesús, te recibo (1 Juan 2:23), y nada volverá a separarme de tu amor (Romanos 8:38-39). Cuando llegue a casa, harás la fiesta más grande que el cielo jamás haya visto (Lucas 15:7). Siempre has sido Padre y siempre serás Padre (Efesios 3:14-15). Tu pregunta para mí es . . . "¿Serás mi hijo?" Juan 1:12-13 Me estás esperando (Lucas 15:11-32).

Con amor,

_____(Tu nombre)

Al compartir esta carta con nuestros clientes, también los invitamos a tomar nota de cualquier palabra o frase que les resulte particularmente difícil de recibir como verdadera para ellos personalmente. Por ejemplo, la referencia al Padre "hacer la fiesta más grande que el cielo jamás haya visto" cuando volvemos a casa (en su corazón a menudo es difícil de aceptar para muchos de nuestros clientes. Ellos "saben que es verdad" porque es bíblico y "puede ser cierto para los demás". Pero les resulta difícil creerlo, y definitivamente sentirlo. Esto se debe a que muchos nunca se sintieron homenajeados por sus padres cuando eran niños y, por lo tanto, continúan luchando con este concepto como adultos.

Te invitamos a leer la carta nuevamente. A medida que avanzas por cada verdad, pregúntate: "¿Realmente creo esto por mí mismo?" y, "¿*Siento* estas cosas sobre el corazón del Padre hacia mí?" En los lugares que son especialmente difíciles para ti creer y recibir, invita al Padre a que te muestre qué es lo que te obstaculiza. Un recuerdo o sentimiento puede venir a ti. Simplemente reconoce la lucha y deja que el Padre comience a traer su sanidad a ese lugar en tu corazón.

Pero, ¿Qué pasa con la Ira y el Juicio de Dios?

Con los años, hemos trabajado con muchas personas que han depositado su fe y confianza en Jesucristo. Sin embargo, la posición predominante que estos creyentes tienen en sus corazones, es que Dios no los mira con bendición o agrado. Es posible que conscientemente sepan que él es amor, pero en sus corazones sienten que Dios a menudo está enojado o distante e indiferente. Hemos dedicado una gran parte de este libro a presentar la verdadera naturaleza bíblica de un Dios amoroso para contradecir estas creencias distorsionadas y descubrir quién es realmente. Si no podemos creer que Dios realmente nos ama y siente afecto por nosotros, ¿cómo podremos amarnos a nosotros mismos, amar a los demás y amarlo de nuevo de la manera que él desea?

De hecho, las Escrituras son claras en que "Nosotros amamos, porque Él nos amó primero" (1 Juan 4:19). Cuando este amor de Dios da como resultado amarnos a nosotros mismos, y amarnos a nosotros mismos a su vez da como resultado amar más a los demás, entonces la reciprocidad del amor de Dios hacia él en gratitud es algo natural.

¿Qué Siente Dios—Sobre Nosotros?

Sin embargo, al tratar de lograr una mayor conexión del corazón con la verdadera naturaleza de este Dios amoroso, no queremos eliminar otros aspectos de él que también son bíblicos, pero que pueden ser difíciles de reconciliar con su amor.

Miren las siguientes Escrituras del Nuevo Testamento y consideren lo que Jesús comparte de su corazón con aquellos que escuchen:

> No os admiréis de esto, porque viene la hora en que todos los que están en los sepulcros oirán su voz, y saldrán: los que hicieron lo bueno, a resurrección de vida, y los que practicaron lo malo, a resurrección de juicio. (Juan 5:28, 29.)

> Y yo os digo que de toda palabra vana que hablen los hombres, darán cuenta de ella en el día del juicio. (Mateo 12:36)

> Porque el Hijo del Hombre ha de venir en la gloria de su Padre con sus ángeles, y entonces recompensara a cada uno según su conducta. (Mateo 16:27).

> ¡Ay de las que estén encinta y de las que estén criando en aquellos días! Porque habrá una gran calamidad sobre la tierra, e ira para este pueblo; (Lucas 21:23)

> El que cree en el Hijo tiene vida eterna; pero el que no obedece[a] al Hijo no verá la vida, sino que la ira de Dios permanece sobre él. (Juan 3:36)

Jesús le dijo*: ¿Tanto tiempo he estado con vosotros, y todavía no me conoces, Felipe? El que me ha visto a mí, ha visto al Padre; ¿cómo dices tú: «Muéstranos al Padre»? (Juan 14:9)y cuando escuchamos a Jesús, escuchamos al Padre. Entonces estas palabras pronunciadas por Jesús también reflejan el corazón de Dios. A menudo compartimos con nuestros clientes que debemos "amar lo que Dios ama y odiar lo que odia". ¿Pueden las palabras duras que Jesús dijo ser reconciliadas con las palabras amorosas que comprenden gran parte de las Escrituras y que hemos compartido en este libro? ¿Tiene sentido que este Dios amoroso también pueda odiar, cuando su esencia o naturaleza básica es el amor?

Creemos que la respuesta es un rotundo *sí*. Exploremos este tema más profundamente.

Ver la Ira Justa de Dios a través de Lentes Distorsionados

Debido a problemas de visión que comenzaron cuando era joven, yo (Jerry) tuve que usar anteojos durante toda mi vida. Sin ellos, no puedo ver nada con claridad. Pero cuando los tengo puestos, todo se enfoca.

Irónicamente, podemos tener una visión corregida físicamente mientras nuestros corazones permanecen fuera de foco, debido a cosas que nos han afectado negativamente. Por ejemplo, debido a que mi padre tenía problemas de ira cuando era joven, aprendí incorrectamente que la ira era mala. Cuando afloraba la ira de mi padre, su impacto me formaba de maneras que no me daba cuenta hasta muchos años después. Entre sus efectos, está que me hizo colocar la emoción de la ira en una categoría propia, etiquetada como algo "Malo". Mi visión de la ira estaba totalmente distorsionada y desenfocada en comparación con la visión de Dios de la ira.

No fue hasta años después, en medio de mi proceso de curación, que comencé a ver que la ira, aunque a menudo se usa de manera inapropiada, es en sí misma una emoción necesaria y piadosa. Desafortunadamente, uno de los costos de mi creencia distorsionada sobre la ira era la incapacidad de ver a Dios y sus emociones correctamente. Aunque sabía la verdad de las Escrituras de que "Dios es amor", la superposición de la imagen de mi padre en mi corazón me hacía temer a Dios y su potencial disgusto y enojo conmigo. Este miedo no siempre fue lo más importante en mi pensamiento; sin embargo, algunos de los momentos más difíciles en mi viaje de curación fueron marcados con un fuerte temor y ansiedad con respecto a Dios.

Eso *no* es lo que las Escrituras quieren decir cuando hablan del "temor del Señor" que trae sabiduría, entendimiento y otras virtudes. Este miedo me trajo tormento. A menos que permitamos que Dios revele y luego sane nuestra comprensión distorsionada de la ira, tendremos dificultades para adoptar este importante aspecto de la naturaleza de Dios.

La Ira de Dios Revela Su Amor

En el capítulo 4 de Deuteronomio, Moisés está enseñando a los israelitas sobre lo que deben hacer y no hacer mientras se preparan para cruzar a la Tierra Prometida. En el versículo 23, les instruye que recuerden el pacto que han hecho con Dios y que no creen un ídolo en forma de nada que Dios haya prohibido. Moisés sigue en el versículo 24 con la declaración: "Porque el Señor tu Dios es un fuego consumidor, un Dios celoso".

Cuando la gente lee este versículo, lo que a menudo viene a la mente es que este "Dios ardiente" es un Dios lleno de ira y enojo que destruirá todo lo que se interponga en su camino. Sin embargo, el significado más profundo de este pasaje apunta al intenso deseo en el corazón de Dios por nosotros. Es cierto que este deseo, esta pasión ardiente, finalmente destruirá todo lo que obstaculice o se oponga al amor. Pero esta ira ardiente fluye de su profundo deseo y amor por su pueblo.

En su libro *The Pleasures of Loving God*, Mike Bickle explica el fuego consumidor de un Dios celoso y su juicio correspondiente:

> El fuego del juicio de Dios es un desbordamiento, un subdepartamento de su fuego de ardiente deseo por su pueblo. Es una manifestación de la pasión que elimina todo lo que obstaculiza el amor. ¿El pecado obstaculiza el amor? Dios lo juzgará con ardiente pasión por liberar a Su novia [nosotros]. ¿Atacan los enemigos al pueblo de Dios? El juicio vendrá sobre el diablo y sus fuerzas cuando Dios se agite con ardiente pasión por proteger a su amada. Dios juzgará a sus enemigos por s u amor ardiente. Su corazón se agitará cada vez más con celos ardientes, y golpeará a sus enemigos para proteger y vengar a Su novia.[10]

La Ira de Dios es Diferente de la Ira Humana

En *The Good and Beautiful God*, James Bryan Smith hace una distinción entre la ira de Dios y la ira humana, que a menudo se expresa como una pasión irracional e irresponsable. Describe la ira de Dios de la siguiente manera:

> [La ira de Dios] es una respuesta consciente, objetiva y racional. En realidad, es un acto de amor. Dios no es indeciso cuando se trata del mal. Dios se opone feroz y enérgicamente a las cosas que destruyen a su precioso pueblo, por lo que estoy agradecido. Es una señal del amor de Dios: "La ira de Dios debe entenderse en relación con su amor. La ira no es un atributo permanente de Dios. Mientras que el amor y la santidad son parte de su naturaleza esencial, la ira depende del pecado humano; si no hubiera pecado, no habría ira".
>
> La ira es una reacción necesaria de un Dios santo y amoroso, un Dios bueno y hermoso, al mal. La ira de Dios es un *veredicto temporal y justo sobre el pecado y el mal.* [11]

Los Límites de Dios Hablan de Amor

Algunos de los padres de nuestros clientes nunca establecieron límites con ellos cuando crecían. Aunque esto puede haberse sentido bien en ese momento, no comunicaba amor. Justamente lo contrario. Los límites sanos y piadosos de padres a hijos, combinados con las libertades apropiadas, le dicen al niño que él o ella es valorado e importante y que el padre se preocupa lo suficiente como para establecer ciertos límites. De la misma manera, a través de las Escrituras y el ejemplo de Jesús, Dios nos ha provisto límites o límites para vivir una vida completamente viva.

Cuando trabajamos a través de las heridas de la infancia que nos han hecho ver a Dios como un padre injusto, podemos darnos cuenta de que su mayor preocupación no es castigar, sino oponernos a las cosas que nos hacen daño. Cuando pecamos, nos lastima y, por lo tanto, lastima a Dios. ¿Por qué? Porque nos ama. Sin embargo, no nos avergüenza, ni usa el miedo o la culpa para que nos detengamos o lo hagamos mejor. Es su santo amor, su pasión por nosotros y su pasión contra lo que nos lastima, lo que nos lleva a cambiar. Esto es lo que Romanos 2:4 significa cuando dice que la bondad de Dios nos lleva al arrepentimiento genuino. Este Dios amoroso y amable es un Dios apasionado, y muestra ira contra todo lo que nos lastima a nosotros, a los demás y, en última instancia, a su propio corazón.

¿Debemos Temer a Dios?

Una sección sobre la ira de Dios necesita abordar el tema de temer a Dios. El tema confunde a muchos cristianos, ya que las Escrituras hablan del temor de Dios como algo para cultivar y estimar. Para las personas que han luchado con el miedo desde la caída de la humanidad en el Jardín del Edén, esto no tiene mucho sentido.

La solución a este dilema nuevamente depende de comprender el verdadero significado de la palabra *miedo* y de deconstruir nuestros propios conceptos distorsionados de autoridad. Necesitamos distinguir entre autoridad sana y piadosa versus control y dominación basados en el miedo.

Abraham Joshua Heschel, en su libro *Dios en Busca del Hombre*, explica que la frase "el temor de Dios" se deriva de la palabra hebrea *yirah*. Al respecto, escribe:

> La palabra tiene dos significados: miedo y asombro. Hay un hombre que teme al Señor para que sea castigado mediante su cuerpo, familia o posesiones. Otro hombre teme al Señor porque teme el castigo en la vida venidera. Ambos tipos son considerados inferiores en la tradición judía. Job, quien dijo: "Aunque él me mate, confiaré en él" (Job 13:15), no estaba motivado por el miedo, sino por el temor, por la realización de la grandeza del amor eterno.
>
> El miedo es la anticipación del mal o el dolor, en contraste con la esperanza, que es la anticipación del bien. El asombro, por otro lado, es la sensación de asombro y humildad inspirada por lo sublime o vivenciado en presencia de misterio . . . El asombro, a diferencia del miedo, no nos hace retroceder ante el objeto inspirador del asombro, sino que, por el contrario, nos acerca a él. Es por eso que el asombro

es compatible con el amor y la alegría. En un sentido muy real, el asombro es la antítesis del miedo. Sentir "El Señor es mi luz y mi salvación" es sentir "¿A quién temeré?" (Ps. 27:1). "Dios es nuestro refugio y fortaleza. Una ayuda muy presente en los problemas. Por eso no temeremos, aunque la tierra tiemble, aunque los montes sean arrastrados al corazón del mar" (Ps. 46:1–2).[12]

Como yo (Jerry) mencioné anteriormente, en el pasado luché con un "temor al Señor" no saludable. Era un tipo de miedo demoníaco y atormentador. No tenía tanto miedo de que Dios derramara su ira sobre mí, porque no podía ser lo suficientemente bueno, limpio y santo. Porque yo me conocía. Conocía mis luchas y mi pecado, y temía que estas cosas finalmente causaran que Dios me rechazara. Esto fue después de haberle entregado mi corazón y confesar mi fe y confianza en su Hijo, Jesucristo. En mi mente, sabía lo que las Escrituras hablaban acerca de su corazón por mí, pero en el lugar más profundo y herido de mis sentimientos, mis creencias distorsionadas me hicieron actuar con un temor malsano a Dios. Aunque lo necesitaba desesperadamente, este miedo hacía que me fuera muy difícil acercarme a él.

S.J. Hill, en su libro *Enjoying God*, lo resume así:

> Es el temor y la reverencia del Padre lo que nos acerca a Su corazón y nos lleva a una vida de integridad espiritual y emocional. Proverbios 14:26 nos dice que "En el temor del Señor hay confianza segura, y a los hijos dará refugio" (NKJV). Podemos estar seguros de que incluso cuando Él nos disciplina y nos corrige, todavía disfruta de nosotros. Demasiados cristianos confunden la corrección divina con el rechazo divino. Pero la corrección del Padre está profundamente arraigada en su afecto por nosotros. Proverbios 3:11–12 nos dice ". . . no rechaces la disciplina del Señor ni aborrezcas su represión, porque el Señor a quien ama reprende, como un padre al hijo en quien se deleita". Si bien puede estar disgustado con un área determinada de nuestras vidas, no está disgustado con nosotros como personas.[13]

Debido a la vergüenza tóxica que todavía era fuerte en mí (Jerry), no pude hacer esta distinción sobre la disciplina amorosa de Dios Padre. Vi la ira, la furia y el miedo como sin amor y algo de lo que escapar. No fue hasta que las mentiras en mi ser central comenzaron a ser reemplazadas por el amor de Dios y mi corazón comenzó a sanar, cuando pude comenzar a ver estos atributos de Dios como buenos. Una vez que lo hice, comencé a correr hacia Él y permitirle que se parara conmigo, su brazo alrededor de mí. Mi pecado y mis luchas ya no eran solamente míos para resolverlos; ahora mi padre y yo trabajábamos juntos en ellos.

La Naturaleza del Amor del Padre: Una Historia

Al terminar este capítulo, veremos otro ejemplo de la naturaleza del amor del Padre por nosotros desde la perspectiva de un padre. En la siguiente narración, Donald Miller comparte una conversación que tuvo con un amigo, John, con quien vivió durante un tiempo cuando era un adulto joven. John estaba casado con Terri en ese momento, y tenían hijos pequeños, incluido un niño llamado Chris.

John le dice a Donald:

No sé, Don, tal vez tienes que ser padre para entenderlo. Y creo que algún día lo entenderás. Pero no hay ningún amor como este [el amor de Dios como Padre]. Amo a Chris y a las chicas de una manera que no puedo explicar. Realmente no puedo. Se siente como una especie de milagro. Quiero que amen la vida, quiero darles alegría, quiero que maduren. Y ahora que he sentido todo esto, entiendo mucho más de la vida; entiendo por qué una puesta de sol es hermosa; entiendo por qué no obtengo lo que quiero todo el tiempo; entiendo por qué Dios me disciplina; entiendo que Dios es un padre.[14]

Más tarde, Don continúa la historia:

EL MANDAMIENTO PERDIDO: ÁMATE A TI MISMO

Él [John] me dijo que cuando Terri dio a luz a Chris y sostuvo a su hijo en sus brazos por primera vez, fue lo más cerca que estuvo de comprender el amor de Dios. Dijo que, aunque nunca había conocido a esta pequeña persona, a este bebé, sentía un amor increíble por él; era tanto su amor que, si tuviera que pararse frente a un tren, dejaría su vida sin pensarlo, solo porque este niño existía. . . . En otras relaciones, la persona que conocía tenía que ganarse su amor. . . . Pero no fue así con sus hijos. Su amor por ellos fue instantáneo, desde el momento de su nacimiento. No habían hecho nada para ganarse su amor, aparte de nacer. Era el amor más verdadero e incondicional que había conocido. John dijo que si su amor por Chris era el más mínimo indicio de cómo Dios nos amaba, entonces tenía toda la seguridad del mundo al tratar con Dios, porque sabía, de primera mano, cómo se sentía el amor de Dios hacia él, que estaba completo.[15]

Oramos por esta conexión emocional con el corazón del Padre por cada una de las personas a quienes aconsejamos cuando entran en su proceso de curación. Algunas veces esta conexión no ocurre de inmediato, pero puede llegar más tarde. Todos somos únicos en nuestra composición y en cómo Dios nos encuentra en nuestros caminos de curación. Ya sea que lo sientas fuertemente, o no, en medio de tu viaje, ten la seguridad de que realmente tiene sentimientos.

Él tiene sentimientos de amor por ti. Y esa es la verdad.

ORACIÓN

Padre, hay mucho que necesito saber sobre ti y tu corazón. Necesito verte por lo que realmente eres y dejar que esa revelación profundice en mi núcleo. Deseo sentir y funcionar más desde mi corazón y menos desde mi cabeza. Te invito a abrir mi corazón y comenzar a eliminar cualquier cosa que me impida sentir esas cosas que están en tu corazón por mí. Tu Hijo, Jesús, vivió con un corazón apasionado, y yo también quiero eso. Creo que me has hecho a tu imagen: sentimientos y todo. Padre, quiero sentir lo que sientes, como Jesús, y ser un reflejo de eso para los demás. Rezo por todo esto en el nombre de tu Hijo, Jesús, amén.

EL MANDAMIENTO PERDIDO: ÁMATE A TI MISMO

PREGUNTAS PARA LA REFLEXIÓN

1. ¿Qué tan difícil sería para ti decirle a la persona que está a tu lado en la iglesia: "Yo soy el que Jesús ama"? Para enfatizar la fuerza de afecto que Juan sintió de Jesús, *El Mensaje* traduce la referencia de Juan a sí mismo como "el que Jesús amaba" (Juan 13:22-25). ¿Te parece ofensivo u orgulloso de parte de Juan escribir sobre él mismo de esa manera? ¿Te imaginas que el Padre estaría encantado si te describieras de esta manera? ¿Por qué sí o por qué no?

2. Pregúntate en cuál de los siguientes crees y vives: "Nada puede separarme del amor de Dios" o (de la marquesina de la iglesia calle abajo), "Tomar la derecha o la Izquierda". ¿Hay alguna diferencia en lo que crees en tu cabeza respecto a tu corazón? ¿O tienes un estándar diferente para lo que crees para los demás, frente a lo que crees para ti? Jerry compartió que, durante su propio viaje de sanación, podía sentir el dolor y la pena de Dios por él, por las heridas que impactaron en su corazón, pero al mismo tiempo, también podía sentir la esperanza de Dios para su futuro. ¿La idea de sentir los sentimientos de Dios por ti, personalmente, es una nueva revelación? ¿Qué tan difícil es para ti creer que Dios se preocupa tanto por ti que siente tu tristeza, desesperación, desilusión y alegría junto contigo?

3. Vuelve a leer "Una carta al Padre Abba". Comparte los lugares donde las palabras son especialmente difíciles de creer y recibir en tu corazón. ¿Es esta una lucha familiar de heridas del pasado?

4. Imagínate esto: Eres la "oveja perdida" en Mateo 18:12–13. Eres el primero en la lista de Dios. (En las matemáticas de Dios, es como si cada uno de nosotros fuera la única oveja perdida). No eres simplemente una de las noventa y nueve. Tus necesidades son importantes. Tus deseos. Tus llantos. Tus lágrimas. Tu dolor. Tu vergüenza. Tu miedo. Tus esperanzas. Tus sueños. Tu identidad. Tu vocación. Tu destino. Todos estos son importantes para Dios también. Piensa en esto por los próximos días.

5. ¿Has luchado con un temor malsano al Señor? ¿Cómo respondes a la siguiente declaración? La ardiente pasión de Dios está en contra de todo lo que obstaculiza o se opone al amor, y se centra en su amor por ti.
6. Ora la oración final desde tu corazón. Dejamos de ocuparnos y permitimos que nuestros corazones crezcan lo suficiente para sentir; o encontramos un lugar tranquilo para escribirle a Dios; o ponemos algo de música y descansamos en un ambiente de paz.

CAPÍTULO CINCO

RETROCEDER PARA AVANZAR

¿Con qué emociones negativas lucho actualmente? Solo. Mal. Culpable. Indefenso. Sin esperanza. Inadecuado. Inferior. Inseguro. Insignificante. Rechazado Auto condenable. Estúpido. Inaceptado. Sin importancia. Inutil. Sé que no debería sentir esto por mí mismo, pero no puedo evitar que estas emociones me superen.
—La hija de un pastor en su primera cita.

El Viaje de Ir a Casa

Estamos convencidos de que la verdadera curación espiritual, en última instancia, resultará en "regresar a la casa del Padre", a su corazón amoroso y sanador. Pero para que eso ocurra, debemos estar dispuestos a viajar de regreso a nuestra propia casa, es decir, a las circunstancias en las que crecimos. A menudo, es aquí donde el Señor revela cómo fuimos formados por cosas que no deberían habernos sucedido pero que sucedieron, y por cosas que deberían haber sucedido pero no sucedieron. Es en este viaje a casa que nos muestra las cosas en nuestras vidas que se alinean con su plan perfecto y nos cura de las cosas que no lo hacen. Es desde este lugar que nos permite descubrir la curación de nuestros propios corazones para encontrarlo.

Una forma de visualizar este proceso es pensar en un conjunto de vías de ferrocarril que simbolizan el camino que Dios pretendía para nosotros desde el punto en que nos ubicamos en esta tierra. Este conjunto de vías, diseñado por Dios, representa su perfecta voluntad para nuestras vidas. Sin embargo, a medida que comenzamos nuestras vidas y nuestro viaje desde ese punto de inicio, a menudo comenzamos a establecer y viajar en un conjunto diferente de vías que no son las que él pretendía para nosotros.

Cuando llegamos a un lugar donde nos damos cuenta de que estamos en el camino equivocado, solo tenemos una buena opción: parar, dar la vuelta y permitir que Dios nos lleve de regreso a casa, de regreso a donde crecimos, así que podemos encontrar la curación que necesitamos en el camino. Muchos de nosotros preferiríamos simplemente saltar las vías en este punto y seguir con el mejor camino diseñado de Dios. Pero esto realmente no es posible. Dios nos pide que confiemos en él y le permitamos que nos muestre áreas donde están las heridas en nuestros corazones, para que podamos perdonar a otros, recibir perdón por nuestras propias respuestas hirientes y permitir que nuestro Padre produzca una verdadera curación y restauración. El viaje a casa no es fácil y tomará un tiempo, pero es necesario.

Mientras tomamos este tren de regreso a nuestros hogares de origen, el Padre señalará letreros y vallas publicitarias de nuestro pasado de las que podemos ser conscientes o no. Tenemos que estar dispuestos a ver lo que él quiera que veamos y sentir lo que quiera que nosotros sintamos. Necesitamos estar dispuestos a ver la verdad sobre lo que nos sucedió mientras crecíamos y cómo respondimos, para que podamos comenzar a viajar más en línea con el camino o las huellas que Dios realmente pretendía para nosotros.

¿Sabes dónde estás en este viaje? ¿Experimentas el corazón del Padre por tí y por los demás? ¿Puedes descansar en su casa, en su corazón? ¿El fruto de tu vida indica que tal vez te desviaste en un conjunto de vías diferente al que Dios pretendía desde el principio? Si es así, te está pidiendo que pares y que traigas esas partes de tu corazón a él y le permitas curarte y establecerte en el camino correcto: su camino.

Lo Que Todo Niño Necesita y Merece[16]

A medida que trabajamos con las personas a las que aconsejamos, les pedimos que reflexionen sobre diferentes necesidades que creemos que Dios dice que son importantes en nuestros primeros años de desarrollo, desde el nacimiento hasta los siete años. Y los alentamos a preguntarse a sí mismos y al Espíritu Santo: "¿Hasta qué punto recibí estas necesidades de mi padre y madre: sentirse amado, recibir afecto, tener un sentido de pertenencia, estar protegido, tener libertad, recibir orientación emocional?" Vamos a descubrir esas necesidades.

Sentirme *amado* significa que me sentí especial, preciado, valorado, importante y significativo, que merecía lo mejor.

Tener un *sentido de pertenencia* significa que tenía un lugar especial en la familia. Hice una contribución especial; ocupaba un puesto de importante.

Recibir *protección* significa que sabía que mi casa era segura y estaba libre de daños. Podría ser yo mismo. Era libre de pensar y sentir diferente a los demás. Podía tener mi propio tiempo y formas de hacer las cosas y mis propios pensamientos, sentimientos y necesidades. Y siempre podía sentirme seguro de contar con apoyo y atención.

Tener una *sensación de libertad* significa que tuve la libertad de jugar y ser espontáneo. Podía reír, explorar y ser creativo. Podía probar formas nuevas y diferentes de hacer las cosas. Tenía mi propia sensación de vida.

Recibir *orientación emocional* significa que me escuchaban y mis pensamientos y sentimientos eran validados. Recibí el tiempo y la atención necesarios para darme instrucciones claras y ayudarme a resolver problemas. Me sentí orientado y apoyado.

Muchas veces, cuando aquellos a los que aconsejamos recuerdan su infancia, no pueden verificar que que suficientes de estas necesidades importantes se hayan satisfecho en su familia. Su archivo está bastante vacío.

La Historia de Karen

Karen, una joven a quien estábamos aconsejando, compartió con nosotros su experiencia de cómo sus necesidades insatisfechas de la infancia dejaron un déficit en su corazón, con consecuencias costosas de autodesprecio y odio a sí misma. Esta es su historia:

Sentirme Amada: Mi papá nunca me mostró que era especial, apreciada, valiosa o importante. Era insignificante. No importaba. Lo que importaba era cómo él se sentía y cómo se veía, cómo otros lo percibían a él y a la familia. No recuerdo que me dijera que me amaba, o que me besara, o que me acostara o que me leyera. Pensé que me amaba porque sostenía muy bien a nuestra familia y, lo creas o no, porque me gritaba. Pensaba que su atención negativa era mejor que ninguna atención. Tengo muchas memorias de ser ridiculizada, burlada y que me gritara delante de otros. No tengo recuerdos de él mostrando amor.

Recibir Afecto: Mi padre nunca me tocó ni me abrazó, de hecho, él me enseñó lo contrario. Si mamá me tocaba a mí o a él cariñosamente, se burlaba de eso como una debilidad y como si fuese "asqueroso". No hay fotos de él abrazándome o tocándome. Aprendí que el afecto no era cálido y positivo, sino débil e incómodo.

Tener un Sentido de Pertenencia: Nunca tuve un lugar en la familia. Era más como una molestia. Nunca me sentí cómoda o segura con papá y mamá. Odiaba estar en la casa y me encantaba salir para escaparme sola. En otras ocasiones me quedaba sola en mi habitación. Me sentía más segura y menos tensa allí. Aprendí a caminar en puntas de pie y a menudo sentía miedo de que mi padre encontrara algo para ridiculizarme y acosarme. No podía ser yo misma con mi padre porque me fastidiaría hasta que estuviera de acuerdo con él, así que siempre estuve de acuerdo con él porque quería evitar cualquier conflicto o batalla.

Recientemente Karen sintió el tierno amor del Dios Padre por la pequeña niña dentro de ella. Por primera vez, ella realmente se sintió valiosa para Dios. Ella le pidió al Padre que la perdonara por odiarse a sí misma y estuvo de acuerdo con él en amar lo que Él ama. Cuando nuestro corazón y espíritu están heridos tan profundamente en nuestros años formativos, necesitamos más que una curita. Necesitamos al Sanador.

El Impacto de la Herida del Padre

Como se discutió anteriormente, el papel del padre y la madre en la vida de un niño es enorme. Papá y mamá son fundamentales para establecer una base sólida para que el niño avance en un desarrollo emocional y espiritual saludable, o para obstaculizar severamente ese proceso. Y, contrariamente a lo que se cree a menudo, algunos de los efectos emocionales más graves en un niño y un futuro adulto, no se deben solo a acciones abusivas, *sino a la ausencia de acciones amorosas*.

Los estudios han demostrado que hay más daño emocional para el niño en desarrollo del "padre silencioso" que de cualquier otro tipo, con la excepción del padre sexualmente abusivo.[17] El padre silencioso es más pasivo que abiertamente destructivo. En lugar de contusiones y cicatrices en el exterior de un niño, las contusiones están todas en el interior. Hasta donde se puede ver, realmente no se le ha hecho nada al niño para dar cuenta del daño. El adulto incluso puede decir: "Tuve una buena infancia". Pero el silencio y la falta de participación del padre fomentan percepciones distorsionadas en un niño. Cuando hay un problema, el niño concluye: "Debe haber algo mal conmigo. Debo ser el problema".

Mencionamos anteriormente que una de las mayores necesidades de los niños es saber en el fondo de sus corazones que pertenecen, que su existencia importa. Donald Miller, en su libro *Father Fiction*, describe cómo la partida de su padre cuando era muy joven lo impactó en esta área de pertenencia: (Nota: Donald creció con una madre trabajadora y su hermana menor).

> . . . Nunca pensé en atribuir el agotamiento emocional y físico de mi madre a la falta de esposo y padre; más bien, lo atribuí a mi existencia. En otras palabras, crecí aprendiendo . . . que, si no existiera, la familia

estaría mejor. Crecí creyendo que, si nunca hubiera nacido, las cosas serían más fáciles para las personas que amaba.

Un pensamiento como este puede paralizar a un niño . . . Si un niño crece sintiendo que está agobiando a las personas que lo rodean, actuará como si el mundo no lo quisiera. No reconocí este sentimiento en mí mismo en los últimos años, hasta mis veintes y principios de los treinta, pero siempre ha estado allí.[18]

A veces, las personas a las que aconsejamos tienen dificultades para conectarse con el dolor de los recuerdos de la infancia, porque sus padres son diferentes ahora. Pero no importa cómo nuestros padres nos traten hoy como adultos, porque las experiencias de conformación nos sucedieron cuando éramos niños. Aunque es algo bueno cuando los padres se vuelven más suaves o nos apoyan cuando somos adultos, el hacerlo no cura las heridas profundas que ocurrieron en nuestros años de formación.

En mi infancia (de Denise), nunca recuerdo a mi papá diciéndome que me amaba. Como no escuché las palabras reales, tuve que aprender que él me amaba de otras maneras. Siempre proveyó a la familia. *El debe amarme.* A veces me llevaba a trabajar con él. *El debe amarme.* Me trajo un cachorro. *El debe amarme.* (En retrospectiva, creo que consiguió el cachorro para sí mismo, pero la única forma en que mi madre dejaba que lo tuviera era si parecía que era un regalo para mí).

Luego, sorprendentemente, el día de mi boda, cuando tenía veinte años, papá me dijo por primera vez que me amaba. Recuerdo exactamente dónde estaba parada en la recepción y toda la conmoción que me rodeaba cuando dijo esas dos palabras: "Te amo". Obviamente, me impactaron y dejaron una huella en mi mente y corazón, y fue maravilloso escucharlas. Pero no tocaron los lugares vacíos en el corazón de mi pequeña niña: la niña dentro de mí que necesitaba saber que ella era preciada, especial, amada e importante para su padre.

Roland Warren, presidente de la Iniciativa Nacional de Paternidad, lo dice mejor: "Los niños tienen un agujero en el alma en la forma de sus padres [y madres]. Si un papá [o mamá] no puede o no quiere llenar ese agujero, deja un vacío, deja una herida".[19] En el ministerio solo hemos encontrado una manera de sanar esta herida: invitar al Padre que tiene todo el tiempo para regresar a nuestras vidas y sanar nuestros corazones rotos, llenando lugares que están total o parcialmente vacíos, y eliminando cualquier mancha de dolor, vergüenza o miedo.

Volviendo a la historia de Donald Miller, él comparte:

> ... al procesar las ramificaciones de crecer sin un padre, me di cuenta del increíble agujero en mi corazón que esta ausencia ha dejado. Desearía que mi padre y yo tuviéramos una amistad, y que él llamara una vez cada dos semanas y me dijera que estaba haciendo un buen trabajo. Necesito esto. En realidad, no me gusta pensar en estas cosas, pero tengo la sensación de que *las heridas no sanan hasta que las sientes*. . . . [Tengo que] llegar a la difícil verdad de que el dolor está ahí porque quería ser amado y no lo era. Quería ser importante para mi padre, pero no lo era. Quería ser guiado, pero no lo era. Y luego, honestamente, [tengo que estar dispuesto] a sentir lo que sea que genere esta dura verdad, a responder de la manera que necesito responder.[20] (Énfasis agregado)

Aquí hay una carta trágica que aborda el poder de la ausencia del padre en la vida de una niña:

Papá
Cero — nada — 0 — nada.
Eso es lo que me diste.
Eso es lo que tenemos juntos como padre e hija.
NADA...
Tenía tantas ganas de un papá.
Solo quería lo que toda niña pequeña quiere.
Es triste cuánto perdimos los dos.
Lo realmente triste es que siento que tienes mucho potencial para ser el mejor papá de todos los tiempos.
¿Qué te pasó que no pudiste hacer que eso sucediera?
Es muy triste que tu herida y debilidad se interpusieran en el camino.

Desearía que hubieras sido lo suficientemente fuerte como para protegernos de mamá.
Ni siquiera podías hacer eso por ti mismo, así que supongo que no podrías hacerlo por mí.
Eso me pone triste y me enoja.
No me dejaste nada excepto un gran agujero de amor en mi corazón.

¿Sabes qué, papi? Si hubieras podido verme y oírme . . .
Te habrías dado cuenta de lo dulce y amorosa que era.
Cuánto quería y necesitaba que me amaras.
Cuánto quería complacerte y amarte.

Se supone que un papá es el primer amor de una niña.
Para mostrarle lo que vale y cómo debe ser amada.
No me diste nada de eso.

He vivido toda mi vida con un corazón hambriento, sin obtener nada.
Es terriblemente doloroso todos los días.
Sé que realmente tenías algo que darme.
Ese hecho incluso podría hacerlo más doloroso.
Pero, por desgracia para los dos, no pudiste encontrar una manera de darlo.

Elijo perdonarte, Papi,
Aunque desearía que fuera diferente.
Elijo perdonarte, Papi,
Aunque sé que nunca será así.
Elijo perdonarte, Papi,
Aunque me ha costado mucho.
—Tu pequeña niña perdida

Problemas de la madre

Tan vital como el padre es en el desarrollo de un hijo, la madre es igualmente importante en diferentes formas. Es la madre quien nutre la nueva vida en su útero, y quien continúa esa crianza para el recién nacido, y hasta el primer año o dos de la vida del niño. Durante ese primer año, el niño es el reflejo de la madre y es una extensión de ella y del cuidado que le brinda. En este período tan temprano, el bebé ni siquiera se da cuenta de que está separado de su madre. Solo cuando el padre entra y comienza a alejar al niño de la madre, idealmente alrededor de los dos o tres años, el niño se da cuenta de que existe separado de su madre.

En este período temprano de la vida del niño, la madre es crucial para establecer los cimientos de la confianza y la seguridad sobre los cuales puede llevarse a cabo el desarrollo saludable del niño. Este amor fundamental se comunica de la madre en tres formas principales :[21]

Contacto Cariñoso. Fuimos creados para el afecto. Los médicos han demostrado científicamente que sin contacto, el cuerpo y las emociones se vuelven insalubres. Tocar a alguien les dice que son importantes para ti; pertenecen y tienen valor. Si no recibimos un contacto cariñoso de la manera correcta cuando éramos niños, entonces en nuestra adolescencia podemos permitirnos ser tocados de la manera incorrecta.

Contacto Visual. Los ojos son de hecho las ventanas del alma a través de las cuales se comunica el amor a un niño. Beben el amor que les llega del contacto visual con sus padres. Si los niños no ven miradas comprensivas y amorosas en los ojos de sus padres, puede resultar una herida que permanece sin curar durante toda la vida. Un niño puede sentirse incómodo, inseguro, apartado y fuera de lugar en sus relaciones.

Tono de Voz. Los bebés aprenden a relacionarse y confiar cuando sus padres los miran a los ojos y pronuncian palabras amorosas con una voz alentadora, gentil, tierna y empática. La influencia de las voces de mamá y papá continúan durante los años formativos de un niño. Los tonos amorosos nutren el alma y ayudan a los niños a sentir aceptación y valor para que puedan salir del miedo al rechazo y al fracaso.

Cuando la madre no puede, por la razón que sea, transmitir de manera efectiva la crianza y el amor al niño a través del tacto, el contacto visual y la voz, puede producirse una brecha en la capacidad del niño para confiar y descansar en el amor y el cuidado de la madre. Como resultado, el abandono emocional, el rechazo y una inseguridad generalizada, a menudo echan raíces. Aunque estos problemas no están relacionados únicamente con la madre, su papel para con ellos es extremadamente importante.

Hemos visto a muchos hombres y mujeres rastrear las raíces de tales problemas hasta su relación con sus madres. En algunos casos, el miedo de la madre a la intimidad debido a sus propias heridas profundas impidió que su corazón estuviera totalmente disponible para su pequeño. El corazón y el espíritu del niño no recibieron lo que necesitaban para establecer seguridad y confianza.

En otros casos, la madre parecía proporcionar una gran cantidad de cuidados y amor; sin embargo, sus propias necesidades profundas la hicieron asfixiar a su hijo con "amor" por la necesidad de sentirse valorada, necesitada y amada. En tales casos, la madre obtiene más que el niño, que se queda con lugares vacíos que gritarán para ser llenados más adelante en la vida.

Hay, por supuesto, otros ejemplos más evidentes de problemas maternos nocivos, como la ausencia física, alcohol u otras adicciones, negligencia de las necesidades básicas del niño; abuso verbal, emocional, físico o sexual; no proteger al niño del abuso de otros; o simplemente no estar emocionalmente presente. Cuando ocurren problemas de la madre como estos, se produce una grieta importante en los cimientos del niño y el futuro adulto.

El "Corazón de Madre" de un Dios que Nutre

Dios no es hombre ni mujer. Cuando usamos el término *corazón* de *madre* para describirlo, estamos tratando de describir su personalidad, su propia naturaleza. Debido a que comúnmente nos referimos a Dios como Padre, puede ser difícil pensar que Dios tiene un "corazón de madre". Sin embargo, sabemos que Dios nos creó a su propia imagen, y él dijo que nos creó hombre y mujer (Génesis 1:27). Así que, si somos hombres y mujeres, y estamos hechos a su imagen, entonces su naturaleza debe incluir características masculinas y femeninas.

Varias Escrituras se refieren a este tipo de amor nutriente de Dios. A continuación, se muestran algunas de ellas:

¿Puede una mujer olvidar a su niño de pecho, sin compadecerse del hijo de sus entrañas? Aunque ellas se olvidaran, yo no te olvidaré. He aquí, en las palmas de mis manos, te he grabado; tus muros están constantemente delante de mí. (Isaías 49:15-16)

"Desde lejos el Señor se le[a] apareció, diciendo: Con amor eterno te he amado, por eso te he atraído con misericordia". (Jeremías 31:3)

Antes de formarte en el útero, te conocía, antes de que nacieras, te distinguí. (Jeremías 1:5)

Aquí está una de las expresiones más fuertes del nutriente corazón de madre de Dios:

para que maméis y os saciéis del pecho de sus consolaciones, para que chupéis y os deleitéis de su seno abundante[a]. Porque así dice el Señor: He aquí, yo extiendo hacia ella paz como un río, y la gloria de las naciones como torrente desbordado; y mamaréis, seréis llevados sobre la cadera[b] y acariciados sobre las rodillas. Como uno a quien consuela su madre, así os consolaré yo; en Jerusalén seréis consolados. (Isaías 66:11–13)

Este es el Dios que desea sanarnos. Él es quien creó en nosotros la necesidad de un amor profundo y fundamental, y *sanará* todas nuestras heridas, incluidas las heridas de nuestra madre, y restablecerá nuestras áreas de confianza rota.

Cuando un Niño es Padre de los Padres

A veces, el papel del niño se confunde debido a las necesidades insatisfechas de un padre. Con mayor frecuencia, el niño asume la responsabilidad del cuidador, de cuidar o proteger a ese padre en lugar de recibir cuidado y protección. El niño espera compensar el daño, el dolor, la soledad o la infelicidad de los padres, especialmente en el matrimonio, tratando de complacer a ese padre y mantener la paz.

Un niño en esta posición no aprende a distinguir y valorar sus propias necesidades, sentimientos e identidad. Ella pierde la infancia desde el principio y se vuelve más adulta a medida que aprende a lidiar con las cargas de los demás. A menudo, es aplaudida por su "comportamiento adulto", por ser tan responsable y tan "buena". Nadie se da cuenta de que no se le permite ser una niña. No hay tiempo para eso, ya que está demasiado ocupada asumiendo la responsabilidad de los demás.

Anna se enteró de que dependía de ella mantener feliz a su padre. Dejaba que su padre ganara cuando jugaban juegos de mesa juntos. De esa forma, ella evitaba un estallido de enojo por parte de él, ya que él era competitivo y un mal perdedor. Especialmente, no quería perder con una niña.

Su padre esperaba que Anna pasara los sábados con él, a pesar de que quería ir a jugar afuera con sus amigos. A veces no le hablaba durante días porque ella no corría y lo saludaba cuando él volvía a casa. Necesitaba que ella le diera lo que él necesitaba y deseaba, ya que su esposa no estaba emocional o relacionalmente disponible para él.

Al igual que Anna, Terry también aprendió a ser responsable de un padre. Los padres de Terry eran miserables en su matrimonio, y la conexión emocional entre ellos era inexistente. Tanto su padre como su madre *necesitaban* que los niños hicieran sus vidas tolerables. Terry sentía una abrumadora culpa si no le daba las buenas noches a sus padres. Recuerda haber entrado en la habitación de sus padres y arropado a su padre por la noche, a menudo se acurrucaba y dormía junto a él hasta que su madre se acostaba un par de horas más tarde.

Esto continuó en su adolescencia, con Terry tratando de satisfacer las necesidades de sus padres, mientras también buscaba llenar un vacío en su propio corazón por el afecto y el amor que nunca llegaba. No ayudó que la favorita de papá fuera su hermana. El padre de Terry se unió a ella cuando era muy joven y la convirtió en su confidente emocional. La madre de Terry, por otro lado, se enredó con Terry y fue excesivamente posesiva con él; era como si usara una camiseta que decía: "¡Es mío!" Curiosamente, su madre no era cariñosa con él y nunca lo abrazaba, besaba o le decía que lo amaba. Ella solo lo necesitaba para ella.

Aunque Terry ahora es un adulto casado e independiente, su madre todavía lo llama su "preciado bebé" y compra cosas solo para él. Ella cuenta los días hasta que pueda volver a verlo. Esto NO ESTÁ BIEN para Terry o su esposa, o su relación matrimonial. Terry ha tratado de "irse y desprenderse" de sus padres, pero su madre no lo deja ir.

Una Historia Personal de Amor Por el Camino Equivocado

Yo (Jerry) experimenté una importante herida maternal cuando era niño. Sin embargo, hasta mediados de mis treinta años no me di cuenta, sino gracias a la visión de un consejero pastoral.

Siempre había sabido del comportamiento adicto al trabajo de mi padre y su problema con la impaciencia, el enojo y la ira. Incluso cuando era un adulto joven, sentí que crecer en ese ambiente me había afectado. Había luchado con el miedo y la ansiedad durante algún tiempo, y se lo atribuí a mi padre.

Sin embargo, para mi sorpresa, cuando mi consejero escuchó mi historia durante nuestra primera cita, tuvo otra opinión. "Jerry, estoy de acuerdo en que tu padre te ha afectado significativamente", dijo; "y sí, será importante abordar este asunto durante tu proceso de curación. Sin embargo, creo que el problema más grande para ti es lidiar con el impacto de tu madre cuando eras pequeño".

Lo miré con una expresión confusa, incrédulo. "¿Este tipo está loco?" Pensé. "Quizás esta sea mi primera y última cita con este consejero". No había tiempo para que él explicara por qué había llegado a su conclusión, especialmente porque solo había escuchado un relato de veinte a treinta minutos sobre mi niñez y mis actuales y agobiantes problemas. Pero algo dentro de mí sintió que el hombre sabía lo que decía. Mientras continuaba aconsejándome, descubrí que su conclusión era correcta, y estoy muy agradecido por su perspicacia.

Déjame proporcionarte un poco más de contexto. Debido a los problemas no curados de mi padre, no pudo lidiar efectivamente con su dolor interno. La emoción predominante que expresaba era la ira. Ese enojo señalaba varios problemas diferentes, como el miedo y la ansiedad, y una profunda necesidad de tener éxito y evitar la vergüenza de no estar a la altura. Estos problemas, alimentados por factores financieros estresantes, crearon tensión entre mi padre y mi madre, cuyas necesidades de mayor intimidad emocional en su matrimonio no se estaban cumpliendo.

Yo era el menor de tres hijos, había llegado cuatro años después de mi hermano, y por la razón que sea, adopté el papel de cuidador emocional de mi madre. Cuando lloraba, intentaba consolarla. Cuando ella y mi padre discutían, intentaba ponerme en el medio para protegerla emocionalmente. Durante los momentos en que mi madre se sentía especialmente herida y frustrada con mi padre, ella compartía sus pensamientos y sentimientos conmigo.

Aunque mi madre no se daba cuenta, estaba recibiendo una cantidad significativa de sus necesidades emocionales a través de mí.

Entonces, cuando me reuní con mi consejero en esa primera sesión y él me abordó diciendo que tenía problemas relacionados con mi madre, todo lo que pude pensar en respuesta fue que mi madre había estado emocionalmente presente para mí y mis hermanos. Tener problemas con mi madre simplemente no tenía sentido.

Sin embargo, en los meses siguientes, llegué a comprender que gran parte del amor y la crianza que mi madre me brindó cuando era niño, no cubría mis necesidades emocionales. Más bien, la atención que me prestó fue un intento de llenar sus propias necesidades insatisfechas. Gran parte de su amor *iba en la dirección equivocada*. Como resultado, salí con un déficit de amor. La cercanía poco saludable entre mi madre y yo resultó en luchas significativas en los primeros años de mi matrimonio con Denise.

Hemos trabajado con muchos hombres y mujeres que de niños perdieron su infancia al asumir la responsabilidad de uno o ambos padres. A medida que estos clientes se han dado cuenta de cómo la conexión con un padre excesivamente cercano los afectó, ellos han experimentado el contacto sanador del Padre para este problema central de identidad.

Cuando Faltan Recuerdos

Muchos de los que acuden a nosotros, luchan con enojo, ira, depresión, ansiedad, pérdida de propósito y vocación, conflictos relacionales, o adicciones de varios tipos. A menudo, también les resulta difícil conectarse con Dios en un nivel íntimo. Sin embargo, cuando reflexionan sobre sus primeros años de desarrollo, el período en que se da forma a su identidad, no pueden identificar ningún recuerdo negativo específico que pueda haber causado sus luchas actuales. Algunas personas tienen muy pocos recuerdos de sus primeros seis o siete años de vida.

Por esta razón, muchas personas ignoran la posible conexión entre su problema y sus experiencias infantiles. Cuando estas personas entran en el proceso de desempacar su equipaje de la infancia, sus mochilas parecen estar vacías. Por lo tanto, uno de los temas más importantes para muchas de las personas aconsejadas, según nuestra experiencia, también ha estado entre los más frecuentemente ignorados.

Cuando las necesidades de un niño quedan insatisfechas, necesidades que Dios diseñó para ser atendidas por los cuidadores principales del niño, surgen consecuencias significativas en los años posteriores. Este tipo de heridas puede ser tan perjudicial como algunas heridas más evidentes, aunque es más difícil de identificar por la persona. Un enfoque de curación de recuerdos a menudo no funciona tan bien en tales casos.

Quizás, durante un servicio en la iglesia buscaste una oración de sanación por luchas emocionales y no encontraste mucha ayuda. Sin embargo, conoces a alguien más que también recibió oración y obtuvo una sanación significativa por un recuerdo que surgió en ese momento. Tales experiencias pueden dar como resultado una gran vergüenza y autocondena. Nos preguntamos: "¿Qué me pasa? ¿Por qué Dios no me cura?" Necesitas saber que no hay nada malo contigo. A veces, simplemente, no hay recuerdos específicos que deban curarse y, por lo tanto, la curación debe realizarse de una manera diferente.

Criamos de la Misma Manera En Que Fuimos Criados

Las personas aprenden a avergonzarse y a criarse de la misma manera que fueron criados. Denise y yo vemos esta realidad probada una y otra vez en el asesoramiento. Permítenos hacerte una pregunta:

> ¿Estaría bien si tu hijo o hija creciera en tu lugar de origen? Podrías ser una mosca en la pared y mirar, pero no podrías intervenir de ninguna manera, solo podrías observar.

Tu hijo o hija crecería exactamente en las mismas circunstancias que tú, recibiendo el mismo tratamiento de tus padres, hermanos y abuelos.

¿Estaría bien contigo?

Cuando hacemos esta pregunta durante el asesoramiento, a menudo sucede algo poderoso en la persona aconsejada. Todas las fimulaciones, toda la fantasía, toda la lealtad a la familia (especialmente hacia los padres), y toda la minimización del daño sale a la luz de la verdad de Dios. La persona se ve obligada a confrontar todos los dispositivos que ha utilizado para evitar sentir el dolor enterrado en su interior.

Es posible que él o ella se hayan convencido de que "no fue tan malo; para otros niños fue peor".

Puede haberse convencido de que "mis padres me amaban a pesar de que no lo mostraron ni lo dijeron".

Ella puede expresar declaraciones comunes: "Hicieron lo mejor que pudieron". "También tuvieron una infancia difícil".

Pero estas creencias comunes a menudo se desmoronan rápidamente cuando la persona responde fuertemente con: "No, *no* estaría bien si mi hijo creciera en mi lugar, en mi hogar de origen". La persona a menudo se sorprende al encontrar su respuesta acompañada de lágrimas que corren por su rostro. Cuando esto sucede, nos detenemos, nos inclinamos hacia adelante y decimos enfáticamente: "Ese es el corazón del Padre: estas emociones sorprendentes. Las lágrimas. Ese es el corazón del Padre, *para ti*".

Esta respuesta del cliente revela dos estándares en funcionamiento. Uno es el estándar que se aplica a sí mismo; el otro es el estándar que usa para los demás. Estos dobles estándares nunca están de acuerdo con el corazón del Padre.

Nos esforzamos por criar bien a nuestros propios hijos; sin embargo, podemos continuar siendo padres de la misma manera en que fuimos criados, con dureza y crítica. Pero ¿qué pasaría si Dios te dijera en este momento: "Hija mía, les pedí a tus padres que te dieran más de lo que recibiste?" ¿Qué hay de eso?

¿Puedes inventar excusas para tus padres, cuando Dios dice que necesitabas más tiempo de calidad con tu padre en lugar de ver la parte de atrás de su periódico o verlo en su computadora? ¿Que necesitabas abrazos a la hora de dormir y palabras como "eres especial y estamos orgullosos de ti"?

¿Y si hubiera algunas cosas que nunca debiste haber recibido de tus padres, como una bofetada en la cara, o marcas en la parte inferior, o palabras vergonzosas como: "Nunca llegarás a nada" o "Debería darte vergüenza"?

A lo largo de los años, hemos escuchado muchas historias dolorosas de palabras que han herido corazones de niños frágiles:

"No vales la pena". "Nunca quise una entrepierna dividida (una niña)".
"La única razón por la que te adoptamos es porque nadie más te tomaría".
"Tu padre te quería cuando naciste, pero para cuando tenías dos años, estaba decepcionado de haberte tenido".
"Hazlo bien o te daré con el cinturón".
"Eres una decepción y te irás al infierno". "Eres peor que un perro de la calle".
"Te ves como una puta".
Y qué tal este: después de una excelente jugada de baloncesto de último segundo, tu papá dice después del partido: "Casi la pierdes. Esa fue tu única buena jugada en todo el día".

Las mentiras del diálogo interno crítico surgen de las flechas de tales palabras. Pero no solo las palabras habladas pueden perforar el corazón de un niño. Una mirada crítica, un gesto duro, o simplemente ser ignorado todo puede enseñarle a un niño que es inadecuado, no amado, no deseado, que no vale la pena y no es importante.

Crecer bajo una crianza sin amor nos pone en una clara desventaja cuando entregamos nuestras vidas a Dios. Queremos que Dios nos ame, pero nos consideramos carentes, patéticos y no creemos estar calificados.

Aún así, el Padre nos pide que amemos lo que ama. Si odiamos lo que Dios ama y valora, seguiremos luchando por encontrar su corazón. El corazón de Dios y los sentimientos que fluyen de él son críticos para *conocerlo*.

ORACIÓN

Señor Jesús, deseo vivir plenamente, con los frutos del Espíritu — amor, gozo y paz — activos en mi vida. Sé que hay cosas que me afectan y me impiden vivir plenamente de este lugar. Estoy dispuesto a regresar para seguir adelante, y lo invito a que me muestre todo lo que sea necesario para ver y tratar para que ocurra la curación.

No puedo saber estas cosas a menos que me las reveles, y sé que revelas lo que planeas sanar. Gracias por amarme lo suficiente como para llevarme de vuelta a la casa en la que crecí, para que realmente pueda descansar en la casa que me has preparado: tu corazón. En tu nombre oro, amén.

PREGUNTAS PARA LA REFLEXIÓN

1. ¿Cómo describirías dónde estás actualmente en tu viaje de curación? ¿Experimentas el corazón del Padre por tí y por los demás? ¿Puedes descansar en su casa, en su corazón? ¿De qué maneras el fruto de tu vida indica que te has desviado hacia un conjunto diferente de vías de lo que Dios pretendía para ti al principio? Si es así, te está pidiendo que te detengas y traigas esas partes de tu corazón hacia él, y le permitas curarte y establecerte en el camino correcto: su camino.
2. Revisa la sección "Lo que todo niño necesita y merece". ¿Hasta qué punto dirías que tu padre satisfizo cada una de las necesidades descritas en la lista? ¿Qué hay de tu madre? Considera tus luchas emocionales mientras reflexionas sobre esta pregunta: ¿Cómo crees que la manera en que tus padres conocieron o dejaron de satisfacer tus necesidades como niño ha impactado en tu vida? Las siguientes palabras pueden ayudarte a identificar algunos de tus sentimientos: solo, malo, culpable, indefenso, desesperado, inadecuado, inferior, inseguro, insignificante, rechazado, autocondenante, estúpido, no aceptado, sin importancia, sin valor.
3. Considera estos sabios dichos de asesoramiento: no puedes sanar lo que no sientes. Siéntelo para sanarlo. Lloralo para dejarlo. Lo que Dios revela, él planea sanar. ¿Cómo se han experimentado estos dichos en tu vida?
4. Cuando recuerdas tu infancia, ¿qué acciones abusivas te han herido? ¿Qué daño has experimentado por la *ausencia* de acciones amorosas?
5. Revisa la sección "Cuando un Niño es Padre de los Padres". ¿Esto es aplicable a tí? ¿Cómo?
6. EJERCICIO DE ESPEJO
Parado frente a un espejo, mira directa y profundamente a tus propios ojos y pronuncia las siguientes afirmaciones. Son verdades que concuerdan con cómo Dios nuestro Padre se siente hacia ti, verdades que lo hacen sonreír. Decirlo se sentirá incómodo al principio, pero repite este ejercicio diariamente hasta que lo creas.
Te amo _____ (tu nombre)
Estoy extraordinaria y maravillosamente hecho.
Soy un tesoro precioso para Dios.
Yo soy el que Jesús adora.

Soy la luz de los ojos de Dios, y él celebra el día en que nací.
Estaba en su mente desde el principio de los tiempos.
Me llama por mi nombre _____ . . . y dice: "Tú eres mío".
No hay nada que pueda hacer para que me quiera más.
No hay nada que pueda hacer para que él me ame menos. Soy especial.
Soy una hija / hijo del Rey. Soy un tesoro y una delicia.
Dios me ama y yo me amo.

7. Lee la oración final en voz alta. Agrégale tus propias esperanzas y deseos para este viaje de curación.

CAPÍTULO SEIS

BLOQUES DE CONSTRUCCIÓN FUNDACIONALES: CONFIANZA E IDENTIDAD

Una parte de ti se quedó atrás muy temprano en tu vida: la parte que nunca se sintió completamente recibida. Quieres ser uno. Entonces tienes que traer a casa la parte de ti que quedó atrás. Cuando te haces amigo de tu verdadero yo y descubres que es bueno y hermoso, verás a Jesús allí. Donde eres más humano, más tú mismo, más débil, allí vive Jesús. Llevar tu miedo a tu propia casa es traer a Jesús a casa.
—Henri Nouwen

El Primer Bloque de Construcción: La Confianza

¿Sabías que el primer y más fundamental componente básico de toda tu vida es la confianza? ¿Y esa confianza se forma en los primeros nueve meses después de tu nacimiento? ¿Y que todos los otros componentes básicos, como la independencia, la identidad, la autoestima y la iniciativa se basan en la confianza?

¿Sabías que la confianza es la base de todas las relaciones y, por lo tanto, una ruptura de confianza en el primer año de vida provoca una ruptura durante toda la vida? ¿Sabías que cuando se produce una violación de confianza, la mayor pérdida es que no puedes mantener tu corazón abierto al amor, ya sea amor por Dios o por tí mismo u otros?

La confianza básica ocupa un lugar central en la autoestima y la libertad de lo que otros piensan. Confiar en quién eres como un ser humano valorado te protege de ser fácilmente manipulado y controlado por otros, para que no pierdas la noción de quién eres o te vuelvas una no persona. Una base sólida de confianza te brinda la libertad de confiar tu corazón a los demás y a Dios.

Si creces con una brecha en este bloque de construcción fundamental en el primer año de tu vida, a menudo lucharás con miedo y ansiedad; con simulaciones o complacencias hacia personas por amor y aceptación; con excesiva obediencia o dominio y control; o con dificultad para adaptarte al cambio.

Para llegar a la raíz de estos problemas y al dolor central que los rodea, a menudo hacemos varias preguntas a las personas que asesoramos:

- ¿Cuánto tiempo has sentido esta ansiedad con los demás o incluso cuando estás solo?
- ¿Cuánto tiempo hace que sientes que algo anda mal?
- ¿Cuánto tiempo hace que te sientes responsable de todos y de todo?
- ¿Cuánto tiempo has sentido que eras una carga, un error, un engaño, un desconocido para quién eres realmente?
- ¿Cuánto tiempo hace que sientes que eres una no-persona?

Cuando la respuesta es "desde que tengo memoria", entonces sabemos que el corazón fue dañado muy temprano en la vida, incluso antes de que se formen recuerdos, que es antes de los tres años.

Al considerar a tu niño interior, recuerda que los niños no son solo adultos bajitos. Son niños. Son pequeños. No piensan como tú piensas como un adulto. Son inmaduros; no tienen tu educación o experiencia. Un niño no tiene forma de entender que cuando un padre retiene amor o afirmación o afecto o pertenencia, o cuando un cuidador lo aflige con abuso verbal, emocional, físico o sexual, tal comportamiento refleja algo tristemente perdido en el adulto, no algo irremediablemente defectuoso en el niño.

¿Lo has entendido? No fue tu culpa.

Tus padres no dieron en el blanco, no tú.

Y siempre pensaste que algo andaba mal contigo.

Con clientes que, por ejemplo, han sido violados sexualmente por un miembro de la familia, a menudo nos resulta útil hacerles pensar en un niño que conocen que tiene la misma edad que el cliente cuando ocurrió el abuso. El niño puede ser sobrina o sobrino. Puede ser su propio niño o niña, o su nieto, o un niño de al lado, o uno que vieron en la iglesia o en la tienda de comestibles ese día más temprano. El objetivo del ejercicio es ayudar al aconsejado a ver cuán niño es ese *niño*.

¿Incluso cuestionarías el hecho de que Dios le pide al adulto que críe al vulnerable, impresionable, ingenuo y dependiente bebé, niño pequeño, niño, adolescente y joven? Se suponía que eras un niño que crecía, *no* un adulto responsable desde el principio.

Como consejeros, estamos asombrados cuando vemos al Padre curar todas las partes heridas en personas de todas las edades. Debido a que Dios siempre fue, y es, y será, él puede retroceder en el tiempo cuando nosotros no podemos. El tiempo no lo limita; él puede estar en el pasado, presente y futuro al mismo tiempo.

Necesitamos pasar tiempo invitando a Dios a volver a nuestro niño interior (nuestro verdadero ser central) para sanar los lugares rotos, porque en Jesús, Dios vino para sanar a los quebrantados de corazón y liberar a los cautivos. Y cuando Dios sana un corazón roto, la vida se transforma de adentro hacia afuera.

Mi Experiencia con un Cachorro

Era un caluroso sábado por la mañana donde vivíamos, al sur de Houston, y yo (Jerry) me dirigía a nuestro garaje para prepararnos para cortar el césped. Nuestro garaje estaba separado de la casa, y yo ya había salido y abierto la puerta unos minutos antes. Cuando entré al garaje en ese momento, escuché un gemido proveniente de abajo de uno de nuestros autos. Agachándome para mirar, vi un perro pequeño que se acercaba al frente del auto. Estaba aterrorizado, visiblemente temblando e incluso orinando por su miedo extremo. Cuando traté de acercarme a él, retrocedió. Necesitaba sacar el auto del en el garaje, pero no quería correr el riesgo de lastimarlo, aunque en realidad, estaba más preocupado por aliviar algo de su miedo.

Conseguí un plato pequeño, lo llené con agua fría y lo coloqué cerca de él. Como no dejaba que me acerque, puse el agua lo más cerca posible de él y comencé a hablarle en voz baja, animándolo con el tono de mi voz diciéndole que estaba en un lugar seguro. Ya no tenía que tener miedo.

Después de unos veinte minutos de este estímulo silencioso, el cachorro se levantó lo suficiente como para venir hacia el plato y beber. Su miedo pareció disminuir y salió con precaución de abajo del auto y me dejó acariciarlo. Unos minutos más tarde, comenzó a seguirme de arriba a abajo por la acera entre nuestro garaje y la casa, pegándose a mis pies. Poco después, aún a mis pies, comenzó a saltar como un perro totalmente diferente de lo que había visto treinta minutos antes.

Estaba sorprendido. Pero lo que sucedió después fue aún más sorprendente para mí. Un perro grande entró en nuestro patio, y este pequeño cachorro rejuvenecido, una cuarta parte del tamaño del intruso, ¡procedió a alejarlo de mí y sacarlo de nuestro patio!

En media hora, este pequeño perro había pasado del miedo paralizador al estado de guerrero y protector, todo por unas pocas palabras reconfortantes y una taza de agua fría.

Me detuve y comencé a llorar porque sentí el poder de Dios sobre mí. Su Espíritu me decía que lo que acababa de presenciar era análogo al amor del Padre por sus hijos. Estaba llorando porque, de manera vívida, el Padre había dramatizado su amor por mí. Me di cuenta de que, en muchos sentidos, yo era ese perrito, temeroso de salir de su escondite. Tenía miedo de cómo me vería mi Padre celestial, especialmente si viera mi pecado y mi vergüenza.

¿Podría confiar en Él? Mi mente sabía de su amor y bondad a través de las Escrituras que había leído, pero la revelación no estaba impresa en mi corazón. Salir de mi escondite e ir a la luz de su presencia requería un gran riesgo de mi parte: riesgo de ser herido, o peor aún, riesgo de que el Padre no me aprobara, que yo no fuera aceptable para él. A través de esta "experiencia con el cachorro", vi que el Padre no solo quiere que salgamos de nuestro escondite, sino que nos está atrayendo hacia él mismo.

¿Por qué a menudo nos escondemos con miedo en lugar de salir y correr hacia el Padre? Hay muchas razones, y la mayoría derivan de heridas tempranas y a veces repetidas en nuestro espíritu por parte de personas importantes en nuestras vidas.

Después de mi encuentro con el perrito, hablé con un vecino sobre él. El vecino dijo que, más temprano esa mañana, había visto al mismo perro ser golpeado con una escoba por su dueño, un par de casas más abajo que la nuestra. Eso completó aún más el panorama para mí. La confianza se había roto, un problema que vemos tan a menudo en nuestro asesoramiento.

Cuando no confiamos, desarrollamos formas alternativas de relacionarnos entre nosotros y especialmente con el Padre. Retenemos una parte de nuestros corazones y somos incapaces de recibir y dar completamente de la manera que Dios pretende. La cura es sentir el amor del Padre por nosotros y saber que es real y personal.

El Siguiente Bloque de Construcción Crítico: Identidad

Otra etapa profunda del desarrollo en los niños ocurre entre las edades de dos y cuatro. En esta etapa, tomamos una de las decisiones más impactantes en toda nuestra vida. Es una elección interna. Dicho simplemente, es,

"Soy yo y ESTOY BIEN".
o
"Soy yo y NO ESTOY BIEN".

¿Qué elección hiciste? No tienes que buscar mucho para determinar cuál es. A menudo, echar un vistazo rápido a tu diálogo interno te da las pistas que necesitas.

Si es "soy yo y estoy bien", entonces tengo la libertad de ser diferente a ti. Tengo el coraje de decir que no. Puedo separarme de los demás y aún sentirme seguro. Sé que soy la luz de los ojos de Dios. Soy yo y soy especial.

Por otro lado, si "soy yo y *no* estoy bien", aprenderé a ponerme un falso yo y fingir ser quien creo que quieres que sea. No puedo decir que no porque no quiero ofenderte o arriesgarme a tu rechazo.

Estoy seguro de que si vieras el verdadero yo, no te agradaría, porque en el fondo, tampoco me agrado a mí mismo.

Interjemos una carta que un cliente escribió a su hijo interno de cuatro años. Hace que lo que hemos compartido sobre confianza e identidad sea más personal.

EL MANDAMIENTO PERDIDO: ÁMATE A TI MISMO

Querido niño,

Tengo la sensación de que te cuidaron muy bien físicamente, pero que probablemente no tenías satisfecho el lado emocional de tus necesidades. Cuando eras un bebé, ¿lloraste para que te abrazaran y te alimentaran, pero en lugar de eso solo te malinterpretaron? ¿Como niño querías expresar tus emociones, pero fuiste rechazado o te han hecho sentir que las emociones no eran importantes en tu familia? ¿Sentiste la necesidad de llorar, pero no sentiste la libertad de hacerlo? ¿Querías que tu padre te abrazara, te afirmara y jugara contigo, pero en lugar de eso lo viste pasar por tu lado sin darse cuenta de que estabas, o tal vez ni siquiera estaba allí para ti? ¿Fuiste a tu madre solo para que te abrazaran y acurrucara, y terminaste recibiendo su frialdad, nunca pudiendo satisfacer esas necesidades desesperadas que tenías de ser tocado?

Recuerdo todas las veces que te acostaste en tu cama sosteniendo tu oso de peluche, Grizzle, llorando porque nadie te amaba excepto tu oso. Desearía haber estado allí para abrazarte, solo porque quería — no dejarte ir hasta que terminaras de llorar — permitirte jugar, reír y simplemente estar. Te habría permitido dejar salir los sentimientos que tenías en tu corazón, pero que nunca se te permitieron expresar en tu hogar. Te veo jugando solo otra vez y me duele el corazón. Desearía haber estado allí para ver exactamente lo que viste y sentir exactamente lo que sentiste. Desearía poder haberte ayudado a comprender y poder compartir tus sentimientos y necesidades.

Me encantaría conocerte mejor y permitir que nuestros corazones cobren vida. Conocí al Padre que quiere concebirnos a los dos mucho mejor que cualquier padre. Sé que es difícil creer, pero estoy llegando a darme cuenta de que Él nos ama de manera realmente especial. ¿Sabías que nos llama su favorito? Quiero que tomes mi mano y vengas conmigo. Dejemos que el Padre nos ame y nos sane. Luego nos mostrará lo que realmente hay en nuestros corazones y para qué nos creó realmente.

¿Vendrás conmigo? Veo que tus ojos azules me miran y veo la esperanza en tu sonrisa. Bueno, entonces ¿qué estamos esperando? ¡Vamos!

El "niño" adulto

Mis Miedos como Niño

Cuando yo (Denise) tenía seis años, tenía un miedo tremendo al abandono, a la separación y a perder a un ser querido, especialmente a mi madre. Traté de mantener mi pequeño mundo bajo control y me volví hiper vigilante de mi entorno, siempre queriendo asegurarme de que todo y todos estuvieran bien. Mi oración interna fue que mi familia "se quisiera mutuamente", y recuerdo haber orado a menudo para que no pasara nada malo.

No creo que nadie en mi familia lo sepa, pero cuando mi madre tomaba una siesta por la tarde (trabajaba en el turno de medianoche) la vigilaba para asegurarme de que estaba respirando. Cuando no estaba segura, corría, tomaba un espejo y lo ponía debajo de su nariz para ver si su aliento lo empañaba. Eso está muy mal. ¡Qué niña tan asustada!

Asumiendo la responsabilidad por los sentimientos y la felicidad de otras personas temprano en la vida, crecí más rápido de lo que debía y de adulta me convertí en una cuidadora y portadora de la carga. Pensé que era bueno para mí ser madura y responsable para mi corta edad, pero no fui lo suficientemente niña como para saber cómo llegar al Padre más tarde en la vida. Tenía que encontrar a la niña perdida dentro de mí, para que el yo adulto sanara y se transformara en la identidad original y verdadera que el Padre tenía para mí, como su hija. Una vez que recuperé esa identidad, experimenté una gama de emociones mucho mayor. Hoy siento profunda emoción y alegría. Comparto mis sentimientos hacia los demás más libremente, y soy más consciente del dolor, la tristeza y la pena.

Henri Nouwen comparte sobre su propia fragilidad:

> Mi propio dolor en la vida me ha enseñado que el primer paso para la curación, no es un paso lejos del dolor, sino un paso hacia él. . . .

Tenemos que atrevernos a superar nuestro miedo y familiarizarnos con él. Sí, tenemos que encontrar el coraje para abrazar nuestra propia fragilidad, convertir a nuestro enemigo más temido en un amigo, y reclamarlo como un compañero íntimo. Estoy convencido de que la curación es a menudo tan difícil porque no queremos conocer el dolor. Aunque esto es cierto para todo el dolor, es especialmente cierto para el dolor que proviene de un corazón roto. La angustia y la agonía que resultan del rechazo, la separación, el abandono, el abuso y la manipulación emocional solo sirven para paralizarnos cuando no podemos enfrentarlos y seguir huyendo de ellos. . . .

Mi propia experiencia con la angustia ha sido que enfrentarla y vivirla es el camino a la curación. . . . Aceptarla y traerla a la luz de Aquel que nos llama Amados, puede hacer que nuestro quebrantamiento brille como un diamante.[22]

El proceso de curación es un trabajo duro. Es una montaña rusa. Hay días de rendición y días de volver a comprometerse. Hay días en los que puedes ver tan claramente "¡Lo entiendo!", seguidos de días de negación. Hay lágrimas, ira, tristeza, entumecimiento y lucha con Dios. Hay confusión, mucha confusión.

El enemigo peleará contra tu corazón; porque él es plenamente consciente de que tu corazón, vivo para Dios y vivo para amar, destruirá su control sobre ti. Él no podrá involucrarte de la misma manera nunca más. Jesús dijo de Satanás "Él no tiene nada en mí" (Juan 14:30 NASB). El enemigo no encontró nada en Jesús con qué involucrarse; ni vergüenza, culpa, amargura, resentimiento, duda, rechazo o miedo. Ahí es

Más Buenas Noticias sobre Nuestros Corazones

Hace unos años, el Señor me mostró a mí (Denise) una imagen de mi corazón, y tenía grandes grietas. En la visión, Jesús estaba de pie junto a mi corazón con ropas blancas de albañilería, y sostenía una paleta de mortero en una mano y una espátula en la otra. Estaba tomando el mortero y reparando y alisando todas las grietas principales en mi corazón.

Luego me mostró algunas piezas de mi corazón que yacían destrozadas en el suelo, demasiado dañadas para ser reparadas. Necesitaba piezas nuevas. El Señor aplicó grandes porciones de mortero a estas áreas y creó un corazón completamente nuevo.

Le dije: "Señor, eso es genial, ¡pero el cemento se endurece y no quiero un corazón duro!"

No dijo nada, pero sacó su encendedor Bic, lo encendió y prendió fuego mi corazón. El fuego no significaba que yo estaba "bien hecha" (juego de palabras) con mi curación, sino que el fuego del amor de Dios por mí, allí mismo *conmigo*, continuaría calentando, consolando, iluminando y purificando mi corazón en el viaje de curación.

Ahora detente y pregunta: "Jesús, ¿harías lo mismo por mí? Jesús, ¿sanarías mi corazón roto? ¿Arreglarías todos los lugares rotos dentro de mí? ¿Eliminarías toda la vergüenza, toda la culpa, todo el miedo y toda la falsedad? ¿Cambiarías mi corazón por el tuyo y me harías completamente vivo de nuevo, o incluso vivo por primera vez?

John Eldredge, en su libro *Wild at Heart*, nos anima con la esperanza de que Jesús venga a sanar nuestros corazones:

> Cuando la Biblia nos dice que Cristo vino a "redimir a la humanidad", ofrece mucho más que perdón. . . . El núcleo de la misión de Cristo se predice en Isaías 61:
>
>> El Espíritu del Señor Dios está sobre mí, porque me ha ungido el Señor para traer buenas nuevas a los afligidos; me ha enviado para vendar a los quebrantados de corazón, para proclamar libertad a los cautivos y liberación a los prisioneros;
>
> El Mesías vendrá, dice, para vendar y sanar, para soltar y liberar. ¿Qué? *Tu corazón*. Cristo viene a restaurarte y liberarte, tu alma, el verdadero tú. Este es *el* pasaje central en toda la Biblia acerca de Jesús, el que elige citar sobre sí mismo cuando entra en el centro de atención en Lucas 4 y anuncia su llegada. Así que, confía en su palabra y pídele que sane todos los lugares rotos dentro de ti y los una

en un solo corazón curado. Pídele que te libere de toda esclavitud y cautiverio, como prometió hacer . . . Pero no puedes hacer esto a distancia; no puedes pedirle a Cristo que venga a tu herida mientras permaneces lejos de ella. Tienes que ir allí con Él.[23]

Restaurar los Años

Yo (Denise) tuve una revelación personal acerca de la Escritura en la que Dios dice: "Entonces os compensaré por los años que ha comido la langosta," (Joel 2:25 NKJV). El verso continúa para incluir "el pulgón, el saltón y la oruga, mi gran ejército, que envié contra vosotros". (Me dan ganas de parar y llamar a mi exterminador). ¡Eso es mucha langosta devorando muchos años! Muchos de nuestros clientes se identifican con las declaraciones: "He perdido mucho tiempo y energía, algunos de mis mejores años" y "Me he equivocado tanto, que me he perdido lo mejor de Dios para mí".

Cuando un cliente tiene cuarenta o cincuenta o setenta años, puede parecer imposible recuperar cada año calendario. Pero creo que Dios lo ve desde una perspectiva diferente. Cuando Dios restaura nuestro verdadero yo, nuestro yo creado por Dios, y redime todas las partes de nosotros que negamos o incluso odiamos; cuando podemos ser libres, inocentes, vulnerables y confiados como niños; cuando podamos correr hacia el trono de la gracia y subir al regazo del Dios Padre, *entonces* todos los años que las langostas hayan comido serán restaurados. No son los años calendario los que se nos devuelven; más bien, es Dios volviendo a nuestras vidas y reclamando cada parte de nosotros que estaba rota, magullada, abandonada y descuidada. Nuestros corazones ya no están divididos o fragmentados, sino que están en perfecta unión con los suyos. Cada parte de nosotros ahora puede comenzar a amar lo que Él ama.

¿Quién Conduce Tu Coche?

Cuando el padre de Trudy se enojaba, gritaba y golpeaba la pared o al perro. A veces también golpeaba a su hermano. Cuando Trudy se metía en problemas, su papá le daba un largo sermón, la azotaba y luego le daba otro largo sermón. (Estamos hablando de *mucho* aquí, como una hora).

Debido a cómo su padre había modelado el rol de padre cuando ella era niña, Trudy evitó pasar tiempo con Dios cuando era adulta. Ella explicó: "Si sé que Dios está en la habitación conmigo, no quiero sentarme con Él. Soy como una adolescente nerviosa y llena de ansiedad porque sé que Dios me dará un sermón, al igual que papá. Solo tengo miedo de lo que vaya a decir. Tengo miedo porque tal vez me he equivocado. No sé cómo, pero siempre me equivoco. Simplemente nunca sé lo que hago. Pero, como mi padre, Dios se asegurará de que lo averigüe".

Las emociones y las reacciones de miedo de la Trudy adulta, son realmente las expresadas por la niña más pequeña que lleva dentro. Nos gustaría hacerle esta pregunta:

"¿Cuántos años tiene la niña que está conduciendo su coche emocional y tiene la edad suficiente como para tener una licencia?"

Patricia recuerda que su padre regresó a casa de la guerra cuando tenía cuatro años. Ella se subió a su regazo y no podía amarlo lo suficiente. Estaba muy feliz de que él estuviera en casa. Entonces sucedió algo traumático: su papá le quitó los brazos de su cuello y la dejó en el piso lejos de él. La pequeña Patti se alejó con lágrimas en la cara y nadie se dio cuenta.

Detengámonos aquí mientras interrumpimos la historia de Patti, para hacerte una pregunta que planteamos anteriormente. ¿Qué *sentía* el Padre cuando eso le sucedió a Patti? ¿Devastación? ¿Dolor? ¿Ira? ¿Angustia? ¿Todo lo anterior?

Sé que sentí mi corazón hundirse. ¿Dios también?

Sin que Patti se diera cuenta, su corazón levantó un muro para protegerse de ser lastimada nuevamente, un muro que ahora obstaculiza su intimidad con su nuevo esposo y con Dios.

Entonces hacemos la pregunta: "¿Cuántos años tiene la niña que conduce el coche emocional de Patricia, y es lo suficientemente mayor como para tener una licencia?"

Después de compartir el recuerdo anterior, Patricia compartió su más profundo llanto de corazón: "Creo que si lo resumo todo, lo que más quiero sentir es aprecio". Porque cuando eres apreciada, eres amada, valorada y protegida. Eso es lo que quiero para mí y para esa pequeña niña de cuatro años, esa pequeña Patti que vive dentro de mí".

Podemos mirar a Patti directamente a los ojos y decirle que esto es lo que el Dios Padre también quiere para ella. Él vino a sanar su corazón roto.

Bob creció en un hogar muy legalista. Incluso en la iglesia, si se movía, su papá lo golpeaba en la cabeza. Al principio, Bob aprendió a conformarse, a ser perfecto, a nunca mostrar enojo, a ser bueno, tranquilo y agradable. Era conocido como una persona calmada, nos dijo, y que en su lápida estaría la inscripción: "Era un buen tipo".

Solo eso. Ni siquiera su nombre.

Bob dijo: "Mi papá me rompió el espíritu. Dejé de ser quien realmente era, y aprendí a ser quien él quería. De esa manera, podría quedar bien y mantener la paz".

Pero el Padre le mostró a Bob quién era realmente en el reino espiritual: un *guerrero*. El verdadero yo que el Padre unió en este bebé, tenía un corazón como David, lleno de una feroz pasión y deseo. Para contrarrestar eso, el Enemigo sembró en el alma de Bob semillas de cumplimiento, pasividad, resignación, miedo al fracaso, vergüenza y la sensación de que nunca sería lo suficientemente bueno. El destino de Bob era vivir plenamente en su identidad de guerrero, pero en cambio aprendió a amortiguar sus sentimientos para poder sobrevivir.

¿Cuántos años tiene el niño que conduce el coche emocional de Sandy, y tiene la edad suficiente para tener una licencia?

Sandy creció en un hogar de alcohólicos donde sus dos padres eran adictos.

Ella se describe a sí misma como una vagabunda de la calle, huérfana.

Ella recuerda que fue tratada como una adulta y que quedó a cargo de sus padres desde que era una pequeña niña. Cuando estaba en la guardería, cerraba la casa con llave por la noche porque su madre y su padre estaban desmayados, borrachos.

Hoy, Sandy cree que Dios la ve, pero a él no le importa. Todo lo que quiere en su vida es "alguien que me cuide".

¿Cuántos años tiene el niño que conduce el auto emocional de Sandy, y tiene la edad suficiente para tener una licencia?

Recuperar Tu Verdadero Yo Infantil

A menudo les pedimos a nuestros clientes que le escriban una carta al niño que está dentro, compartiendo lo que creen que este niño necesitaba escuchar en el pasado y necesita saber de ellos ahora.

Tú, como adulto, puedes desempeñar un papel importante para brindar amor y seguridad a estas partes más jóvenes y verdaderas de ti mismo. En cierto modo, puedes repetirte siendo bueno contigo mismo, creyendo en ti mismo y extendiéndote la gracia a ti mismo, tal como lo hace el Padre.

"¿Se supone que debo escribirle una carta a mi hijo dentro? Eso suena un poco extraño e incómodo, escribirme a mí mismo".

Detente y considera: ¿cuándo fue la última vez que hablaste contigo mismo? ¿Cuándo olvidaste llamar a tu madre en su cumpleaños? ¿Cuándo les gritaste a tus hijos por un problema que era tuyo? ¿Cuándo te miraste al espejo y no te gustó cómo te veías? ¿Cuándo le pediste ayuda a Dios para tomar una decisión y él no te reconoció con una respuesta?

Cuando suceden tales cosas, tu diálogo interno (lo llamamos tu "comité de vergüenza") puede sonar así:

"¡Qué idiota soy!"
"No puedo creer que voy a llegar tarde".
"Qué torpe".
"Soy tan estúpido."
"Soy una mala madre".
"No puedo soportar mi corte de pelo".
"Soy muy feo".
"Dios está ahí para los demás, pero no para mí".
"Tal vez necesito leer más mi Biblia y orar más y servir más". Al igual que el letrero de la iglesia al final del camino que sugiere: "A la derecha o a la izquierda".

O nuestro favorito viaje de culpabilidad: "Si Dios parece estar tan lejos ¡adivina quién se movió!" ¡Perdedor!

El punto es que tienes conversaciones en tu cabeza todo el tiempo. Una vez que te des cuenta de esto, tal vez escribir una carta a tu vulnerable niño interior, no parezca tan difícil o extraño. Sin embargo, hay una condición: *lo que escribes tiene que estar de acuerdo con lo que Dios diría de ti.*

Aquí hay cartas que han compartido las personas que asesoramos, comenzando con ésta escrita a una niña perdida.

Pequeño yo,

¿Te gustaría venir a casa? ¿Te gustaría una casa que tanto anhelaste pero que no tuviste? Quiero crear un lugar diferente para ti de donde ya no te vayas y te pierdas a la sombra de los demás. Necesito que estés completa. Quiero escuchar todas tus aventuras y ver cómo eres. Sé que me he perdido mucho al no reconocerte. La gente me dice todo el tiempo que no sé cómo divertirme, que soy demasiado seria. ¡Perdí esa chispa interna hace mucho tiempo y fuiste tú! Por eso, te necesito. ¿No es agradable escuchar eso después de todos estos años? Alguien realmente te necesita para poder estar satisfecho y completo.

Te amo, yo

Una carta a un niño de ocho años que fue abusado sexualmente por una adolescente vecina:

Te escribo esta carta porque quiero conectarme contigo y hacerte parte de mi vida nuevamente. Lamento mucho el odio y el asco que siempre he sentido hacia ti. Te he encerrado por completo y nunca he querido volver a verte. Lamento mucho haberte rechazado. Durante tantos años te culpé por lo que sucedió. Sentí que deberías haber dicho "No" o hablar o hacer algo. Ahora me doy cuenta de que nunca fue tu culpa y que fuiste la víctima. No me di cuenta de cuánto te odiaba y no quería tener nada que ver contigo hasta hace poco.

Lamento mucho haberte rechazado durante tantos años. Quiero conocerte mejor y sanar mi relación contigo. Me estoy dando cuenta de quién realmente eras en el fondo de tu corazón y lamento que nunca hayas podido ser quien realmente eras. Espero que me perdones y juntos poder permitir que el Padre nos sane, aprender lo que realmente está en lo profundo de nuestro corazón y ser lo que el Padre nos hizo.

Desearía haber estado allí para abrazarte y dejarte llorar, y liberar el dolor que sentías dentro. Quiero que sepas que eres especial y que tienes lo que se necesita. Tu madre y tu padre deberían haberte hecho saber eso. Que no fue tu culpa. Se trataba de cosas de ellos y no se trataba de algo malo o defectuoso en ti.

Lamento no haberte amado nunca antes, pero ahora te amo, y te invito a que seas mi amigo sólo porque creo que eres especial, no por lo que haces o las habilidades que tienes. ¡Por favor, siéntete libre de relajarte y ser sólo tú!

Una carta a un niño no deseado y maltratado:

Hola pequeño, solo quiero conectar contigo. Sé que nunca lo he hecho hasta este punto. Ahora estoy viendo que nadie realmente te amaba y que realmente no pertenecías. No eras especial para nadie. Realmente nunca importó lo que sucedía a diario. Tu voz y tu opinión nunca importaron. Recuerdo tu graduación de secundaria y que nadie vino a apoyarte. En cuanto a tu hogar, no era un ambiente seguro. Constantemente caminabas con miedo debido a las palizas, las amenazas y la violencia.

Hoy, por primera vez en mucho tiempo, entiendo cómo te sentiste, que nunca fuiste aceptado, que nunca fuiste amado. Eso debe haber sido muy doloroso para un niño pequeño, incluso durante todos estos años pasados en los que aún querías esconderte, tal como lo hiciste en ese entonces. ¡Recuerdo cuando tu papá llegó a casa y era mejor no ser visto ni oído! Ah . . . y casi olvidé cómo debiste sentirte en la mesa, el miedo a recibir tu próxima paliza, y cómo debiste sentirte yendo a tu habitación y llorando diciendo: "¿Por qué yo? ¿Cómo es que no puedo tener una familia normal?"

Pequeño niño, solo quiero que sepas que hoy quiero conectarme contigo y decirte que no fue tu culpa, solo estabas tratando de sobrevivir. Eres digno de amor y perteneces a un padre increíble: Dios Padre. Él estaba allí contigo cuando estabas pasando por esos tiempos difíciles y lloró contigo, y te permitió usar esos mecanismos de defensa para que pudieras superar las cosas malas. Pero ahora, las cosas serán diferentes, ahora tú y yo vamos a confiar en Él.

Amo a ese niño pequeño, TÚ, incondicionalmente. Quiero que te sientas libre de compartir cualquier recuerdo del pasado y estaré allí para escucharlo y comprenderlo.

¡Lo vamos a lograr!

Una carta de seguimiento de Caroline sobre su identidad:

Queridos Jerry y Denise,

Después de mi última sesión, tengo una nueva fuerza interior para aceptar y reconocer mis pensamientos y sentimientos. Incluso puedo reconocer mi existencia sin ninguna culpa o condena. También parece que soy capaz de aceptar mi singularidad y no tener que ser tan dura conmigo misma. Nunca he podido discernir las cosas de otras personas de las mías, y no tomarlas como mi culpa o mi problema. Ser capaz de liberar los problemas de otras personas a Dios y no recogerlos, ha reducido significativamente mi ira y mi estrés.

Parece que ser dueña de mi derecho a existir está cambiando muchas dinámicas de relación. Estoy invocando en oración la misma personalidad que Dios creó en mí. Estoy aprendiendo a descubrir mis propios gustos, disgustos, pensamientos y deseos. Con todas estas revelaciones viene una nueva responsabilidad por mis propias malas decisiones, así como ya no me siento responsable de las malas decisiones de los demás. Estoy comenzando a ser libre de desarrollar mi singularidad sin sentir la responsabilidad de ganar el derecho a existir solucionando los problemas de todos. Todo esto es nuevo y una lucha bastante cotidiana. Su oración y consejo me ayudaron a comenzar a hacer lo que sabía en mi cabeza, pero que no pude seguir con éxito. Esto creó un ciclo de culpa/condena para mí que hasta ahora nunca pude romper. Solo desearía haber venido a ti de joven en lugar de esperar hasta tener sesenta años.

Agradecidamente,
Caroline

ORACIÓN

Señor Jesús, quiero vivir desde un lugar de confianza, confiando en ti y en tu bondad, y confiando en los demás que dices que son confiables. También quiero poder confiar en mi propio corazón que has renovado por mi fe en ti.

Señor, ayúdame a ver si la confianza se rompió en mi desarrollo inicial. Si es así, te invito a traer curación a esa parte mía que está rota. Jesús, si mi identidad como tu hijo se ha visto afectada por esta herida temprana, cura y restaura, ayúdame a descansar en quien me has hecho ser. Te pido que me ayudes a amar al pequeño niño dentro de mí como lo haces. Te necesito y necesito cada parte de mí que creaste. Solo tú puedes lograr esta curación y restauración en mí. Elijo confiar en ti en esto, conmigo. En tu nombre oro, amén.

PREGUNTAS PARA LA REFLEXIÓN

1. Comienza esta vez leyendo la oración anterior y haciéndola tuya.
2. En este capítulo se presentan dos componentes básicos del desarrollo de un niño: confianza e identidad. Si se establece la confianza, podemos mantener nuestros corazones abiertos al amor. Con identidad, establecemos un sentido central de que "soy yo y estoy bien". ¿Qué déficits puedes identificar en estas áreas por ti mismo? Volviendo al comienzo del capítulo, ¿qué dificultades experimentas que sugerirían una vulneración en las etapas de confianza o identidad del desarrollo?
3. ¿Qué ejemplos puedes identificar en tu vida adulta en los que tus emociones o reacciones sean realmente las de un niño más pequeño? ¿Cuántos años tiene el niño que conduce el coche emocional del adulto, y tiene la edad suficiente para tener una licencia?
4. EJERCICIO DE IMAGEN DEL NIÑO INTERIOR
   - Encuentra una foto tuya a la edad más temprana que recuerdes (antes de los seis años es mejor).
   - Cierra los ojos e imagina la casa en la que vivías cuando tenías esta edad. Escribe una breve descripción.
   - Ahora, imagínate abriendo la puerta de entrada a esta casa. ¿Qué ves? Describe cómo era la habitación del frente, luego el resto de las habitaciones.
   - Trata de imaginarte a tu madre. ¿Dónde está? ¿Qué está haciendo?
   - Y tu padre. ¿Dónde está? ¿Qué está haciendo?
   - ¿Dónde están tus hermanos (si corresponde)? ¿Qué están haciendo?
   - Ahora, imagina tu habitación. ¿Cómo era?
   - Imagínate sentado en tu cama en tu habitación. ¿Qué llevas puesto? ¿Qué estás haciendo? ¿Como te sientes?
   - Ahora mira la fotografía atentamente durante aproximadamente un minuto. ¿Qué ves? ¿Cómo te sientes contigo mismo a esa edad? Escribe los primeros sentimientos o pensamientos que te vienen a la mente al mirar tu imagen. ¿Cómo te sientes acerca del niño en la imagen? ¿Cómo es el niño?

- Mira nuevamente la imagen o visualízate sentado en tu cama. Completa las siguientes afirmaciones:
  - Cuando me vea en la foto, quiero _____.
  - Cuando me veo como un niño en la foto, quiero _____.
  - ¿Es feliz este niño? ¿Por qué sí o por qué no?
  - ¿Te gusta este niño? ¿Por qué sí o por qué no?
  - ¿Cómo te sientes acerca de tu niño interior (que todavía es parte de ti) al mirar la imagen?
  - ¿Cómo crees que *se siente* el Padre acerca de este niño?
- Visualízate en la imagen o en tu cama, y escribe a tu niño interior una breve carta, diciéndole lo primero que se te ocurra. Ahora, coloca tu bolígrafo en tu mano OPUESTA y escribe (imprime) una nota del niño pequeño al adulto. Escribe los primeros pensamientos que te vienen a la mente.

CAPÍTULO SIETE

ESCUDOS ARRIBA: LAS MANERAS DE PROTEGERNOS A NOSOTROS MISMOS

El problema de armarse contra la dureza de la realidad es que el mismo acero que asegura tu vida contra la destrucción, también la protege de estar abierto y ser transformado.
—Frederick Buechner

El origen y El Poder de Los Mecanismos de Defensa

Los niños vienen a este mundo con necesidades físicas y emocionales. Aunque las necesidades físicas a menudo se pueden satisfacer, muchas de las necesidades emocionales no. Estas necesidades emocionales no son opcionales sino esenciales en el desarrollo saludable de los niños a medida que progresan y maduran.

¿Qué sucede cuando no se satisfacen estas necesidades? ¿Cómo lidia un niño con el dolor de sentirse rechazado, descuidado o abandonado emocionalmente? Estos sentimientos en un niño se originan de padres bien intencionados, pero no disponibles emocionalmente, así como de padres y otros que son abiertamente abusivos. Cuando los niños no reciben la nutrición y el afecto necesarios para los que Dios los diseñó, desarrollan dificultades para confiar en l os demás, incluido Dios, más adelante en la vida.

Cada vez en más familias, se espera que los niños satisfagan las necesidades de los padres, mientras que sus propias necesidades quedan insatisfechas. Y como los niños no saben qué hacer con el tremendo dolor emocional de necesidades insatisfechas, aprenden a sobrevivir desarrollando mecanismos de defensa para protegerse.

Desafortunadamente, no superamos los mecanismos de defensa que necesitábamos de niños. En cambio, los llevamos a la edad adulta y a nuestras relaciones. Estas defensas mantienen el dolor no liberado del pasado acumulado dentro de nosotros. Lo que nos ayudó a sobrevivir como niños, lo que incluso Dios proporcionó para un niño indefenso, ya no funcionará a nuestro favor como adultos.

¿De dónde vienen los mecanismos de autoprotección y cómo se originan en nosotros? Desde la perspectiva más amplia, nuestra dependencia a la autoprotección se originó cuando Eva escuchó a la serpiente en el jardín, y ella y su diligente esposo comieron del árbol del conocimiento del bien y del mal (Génesis 3:6). Al hacerlo, decidieron confiar en su propio razonamiento, en lugar de Dios. Su primera acción después de este engaño fue *protegerse*, cosiendo hojas de higuera para cubrir su desnudez y vergüenza (Génesis 3:7).

En nuestra primera clase de psicología, aprendimos sobre los mecanismos de defensa. En ese momento, vimos su relevancia desde una perspectiva estrictamente psicológica. Pero pronto en nuestro ministerio de asesoramiento, comenzamos a ver los mecanismos de defensa desde una perspectiva totalmente diferente: la espiritual. Para ayudar a las personas a experimentar la curación de sus heridas emocionales, comenzamos a abordar los "escudos" que protegían sus corazones no solo de ser lastimados, sino también de comprometerse completamente y estar vivos.

Habían pensado que era necesario confiar en sus propios medios de protección, en lugar de confiar en el amor, la verdad y el poder de Dios para protegerlos. Al intercambiar su confianza en sí mismos por la confianza en Dios, se posicionaron para avanzar hacia una curación más profunda del corazón.

Ejemplos De Mecanismos de Defensa

Los siguientes mecanismos de defensa son los más comúnmente identificados por nuestros clientes. Mientras lees cada uno, pregúntate si se aplica a ti. Es común identificar varios.

Negación: *Un mecanismo de defensa común por el cual nos rehusamos consciente o inconscientemente a aceptar la realidad de un evento o situación.*

La negación a menudo se considera un punto ciego: es difícil de ver, a menos que otros nos lo indiquen. Por ejemplo, un esposo que tiene problemas obvios en su matrimonio dice: "Tengo un buen matrimonio. Está todo bien." Niega la realidad para evitar tratar con la verdad.

La negación también es característica en las adicciones:

"Solo bebo cerveza, así que, no puedo ser alcohólico".

"Tuve un par de citas de una noche, pero no fue adulterio". "Nadie es perfecto. ¿Quién no ha visto pornografía?"

Minimización: *Estrechamente relacionada con la negación, la minimización disminuye la importancia o el significado de algo.*

Digamos que tuviste una infancia muy dolorosa. Sin embargo, cuando te enfrentas a ese hecho, dices: "No fue tan malo. Mucha gente la pasó peor que yo". Tal vez agregues: "Mis padres hicieron lo mejor que pudieron. También tuvieron una infancia difícil". Eso puede ser cierto, pero si te impide tener toda la verdad de lo que te sucedió mientras crecías, nunca llegarás a un nivel más profundo de curación. Si te convences de que lo que te ocurrió no importó o fue insignificante o inevitable, entonces no hay nada que invite a Dios a sanar.

Recuerda, nuestros puntos de vista y conclusiones resultantes deben estar de acuerdo con lo que Dios dice sobre la situación. ¿Te dijo Dios: "Lo siento, pero tus padres no tuvieron otra opción cuando te criaron, que no sea transmitir la misma mala crianza que asumieron para ti?" Desde luego que no. Creemos que el corazón de Dios es sanar a cada generación que lo invita a hacerlo. No creemos que las generaciones posteriores estén destinadas a repetir y revivir las heridas del pasado.

Liberar a tus padres *al final del* proceso de curación, *después* de superar el dolor, la pérdida, el dolor y el perdón, es diferente de darles un pase al principio del proceso como una excusa para su comportamiento pecaminoso. Elegir liberarlos al final es la última etapa del duelo, y esto es aceptación, no minimización.

Aislamiento emocional: *Retirarse para evitar el rechazo.*

Con este mecanismo, nos retiramos físicamente de situaciones como la iglesia, las reuniones sociales o las relaciones; o cerramos nuestros corazones y no sentimos mucho porque hemos aprendido a calmar nuestras emociones.

Disociación: *Desconectarse o escapar de lo que está sucediendo en el mundo que nos rodea en ese momento.*

Hay diferentes grados de disociación. Lo mínimo es cuando nos "alejamos" por unos momentos o poco tiempo. Algunas víctimas de violencia o abuso han aprendido a separarse durante la situación, de modo que pueden ver el abuso desde fuera de sus cuerpos y evitar los sentimientos de miedo, terror, dolor y vergüenza. En el trastorno de identidad disociativo, las víctimas del trauma se fragmentan y forman diferentes personalidades. En algunas situaciones de abuso, este puede ser el único medio para que el niño sobreviva al abuso.

Compartimentalización: *Tomar un acto o circunstancia que es perturbador, angustiante o doloroso, y colocarlo mentalmente en el estante o archivarlo para que no afecte otras partes de nuestras vidas.*

Por ejemplo, una pareja casada está lista para firmar los documentos de divorcio. No tienen intimidad emocional o espiritual. Sin embargo, tienen buenas relaciones sexuales. Han aprendido a compartimentalizar los otros problemas de su matrimonio a partir de sus necesidades sexuales.

Otro ejemplo: una persona que experimentó abuso infantil grave ha colocado mentalmente ese abuso en su propia caja o compartimento. Por lo tanto, el pasado doloroso no toca abiertamente otras partes de la vida o las relaciones de esa persona.

Cuando existe un secreto en la relación matrimonial, como la pornografía o el adulterio, la compartimentalización permite que la persona culpable funcione casi como si la infidelidad no fuera real. El cónyuge ofendido puede preguntar: "¿Cómo podría no pensar en mí o en la familia?" Uno responde: compartimentalizando.

Dios desea que vivamos desde un lugar de unidad interior. Así como la unidad entre hermanos y hermanas en Cristo ordena la bendición de Dios (Salmo 133), creemos que cuando vivimos desde un lugar de unidad interior en lugar de corazones fragmentados, invitamos a la plenitud de la bendición y el favor de Dios. Dios nos creó para ser integrados, no fragmentados.

Regresión: *Volver mentalmente a una forma más joven y menos madura de manejar el estrés y los sentimientos.*

Una joven se enfrenta a su compañera de cuarto, sale de la habitación, se encierra en su habitación y no sale. Esa es la regresión en funcionamiento.

Conducir de manera errática, negarse a levantarse de la cama, tirar el teléfono por la habitación o hacer pucheros son otros ejemplos de respuestas infantiles a los malos sentimientos.

Fantasía o simulación: *Evitar la realidad creando imágenes o sueños en nuestra imaginación.*

Podemos pretender que algo que no es real es cierto, o que estamos haciendo algo más allá de nuestra capacidad. Un hombre puede imaginar que es el siguiente en la fila para una sociedad en el trabajo o que era tan bueno en el campo en la escuela secundaria, que podría haber jugado fútbol profesional. Se pierde en estos pensamientos de forma regular. Esto es más que simplemente soñar despierto o imaginar cosas buenas para el futuro. Es una forma de escapar del presente.

Desplazamiento: *Desquitarnos con otros por nuestras frustraciones.*

Sentimos dolor o estrés por una situación o evento pasado o actual y luego desquitamos nuestra frustración o enojo con un familiar o amigo. El desplazamiento a menudo se conoce como el síndrome de "enojado con el jefe, pero pateo al perro".

Proyección: *Responsabilizar a otros por cosas que no son su culpa.*

Nos sentimos mal por algo que dijimos o hicimos, pero en lugar de asumir la responsabilidad de nuestra acción y sentir una vergüenza saludable, le echamos la culpa a alguien u otra cosa.

Auto proyección: *Una forma de proyección en la que no culpamos a los demás, sino que nos culpamos a nosotros mismos.*

"Es mi culpa." "No puedo hacer nada bien". "Me lo merezco." Tal autoculpa impide el verdadero arrepentimiento sincero, iniciado por Dios.

Tanto la otra proyección como la auto proyección son a menudo el resultado de una vergüenza destructiva, cuando no nos sentimos bien acerca de quiénes somos.

Ira defensiva: *Un mecanismo estrechamente relacionado con el desplazamiento y la proyección en el que utilizamos la ira como escudo defensivo.*

Si bien algunos recursos no definen la ira como un mecanismo de defensa, creemos que en ciertas situaciones sí sirve como tal. La ira es una emoción crucial, y aunque podemos pecar en la forma en que la expresamos, la ira en sí misma no es pecaminosa (Efesios 4:26). La ira puede ser un indicador de otra emoción que debe abordarse, como el dolor, el miedo, la decepción, la pérdida, la traición o la injusticia.

Sin embargo, cuando ignoramos las emociones subyacentes y simplemente permitimos que la ira se manifieste, entonces puede comenzar a cobrar vida propia. Se convierte en una fuente de defensa y poder que bloquea los problemas más profundos y las heridas que deben expresarse. Cuando la ira alcanza este nivel, es un fuerte mecanismo de defensa que debe abordarse.

Autosuficiencia o autoconfianza: *Evitar nuestros sentimientos al fortalecernos en nuestra propia capacidad.*

La autosuficiencia se manifiesta en declaraciones como "Soy un sobreviviente". "Puedo hacerlo." "No puedo contar con nadie más, pero siempre puedo contar conmigo". Nos ajustamos a la descripción de una unidad autónoma. No nos permitimos *necesitar*, y nos resulta difícil recibir ayuda de otros. Podemos estar orgullosos de nuestra propia independencia.

No podemos reconocer fácilmente nuestra debilidad o dependencia de Dios u otros, y con frecuencia intentamos controlar situaciones. Pero, aunque parezcamos fuertes por fuera, el conductor dentro de nosotros es el miedo.

Racionalización: *buscar defendernos justificando o excusando nuestras acciones.*
Alguien que está racionalizando podría decir: "Si supieras mi situación, entenderías por qué soy como soy". O: "Nadie en mi familia dice 'Te amo', así somos nosotros'". O: "Lamento haberte gritado, pero me lastimaste al no hablar conmigo anoche, solo porque llegué tarde a cenar".

Cada vez que agregamos la palabra *pero* o queremos seguir una disculpa con una explicación de nuestro comportamiento, debemos detenernos y verificar si estamos siendo defensivos y racionalizadores.

Intelectualización: *Buscar una explicación lógica para un problema o asunto con el fin de evitar sentimientos.*

Por ejemplo, una mujer comparte con su compañero de trabajo que se siente deprimida y desesperada por su futuro. El compañero de trabajo responde: "¿Por qué estás deprimida? Sólo piensa en todas las cosas por las que deberías estar agradecida".

O una esposa llega a casa del trabajo sintiéndose frustrada por una reunión que salió mal y su esposo se pone en el lugar de querer arreglarlo al abordar los hechos del problema, mientras ignora la necesidad de su esposa de ser escuchada, comprendida y valorada.

Estos y otros mecanismos de defensa tienen una cosa en común: nos colocan a nosotros, en lugar de a Dios, en el control de nuestras vidas. Como resultado, nuestra relación con él sufre y no somos sanados.

Votos Internos: Un Puño Cerrado en Nuestro Corazón

Otra forma poderosa de autoprotección es un *voto interno*. Esta es una decisión que tomamos en nuestro corazón o espíritu, a menudo a una edad temprana, que afecta e incluso dirige nuestra vida en los años siguientes.

Los votos internos generalmente provienen de sentimientos fuertes en lugar de pensamiento racional y toma de decisiones. Un voto interno es como un puño cerrado en nuestro corazón: tomamos una fuerte decisión sobre alguien o algo para protegernos del dolor o la herida.

Las Escrituras contienen amplios ejemplos de votos hechos ante Dios, como los votos matrimoniales. Pero no debemos hacer votos que no sean consistentes con el corazón y la voluntad de Dios. Los votos hechos por un motivo de autoprotección pueden tener un impacto negativo significativo en nuestras vidas, especialmente los votos hechos cuando éramos jóvenes y más vulnerables. Tales votos pueden haber sido pronunciados verbalmente, pero, a menudo, simplemente se hicieron internamente como un medio para evitar el dolor. Si hicimos tales votos cuando éramos jóvenes, tal vez ni siquiera recordemos haberlos hecho. La prueba, sin embargo, es cuando podemos mirar el curso de nuestra vida adulta, especialmente nuestras relaciones, y ver nuestra vida yendo en la dirección de un voto interno.

Un voto interno suele ir precedido de las palabras "nunca lo haré" o "siempre lo haré". Aquí hay algunos ejemplos: [24]

Votos "Nunca Lo Haré"

Nunca dejaré que nadie me ame. Nunca seré amado excepto por mí. Nunca seré débil. Nunca seré deseado. Nunca confiaré en nadie. Nunca me permitiré necesitar a nadie ni a nada. Nunca dejaré que nadie me quite nada. Nunca permitiré que nadie me toque. Nunca compartiré lo que es mío. Nunca permitiré que nadie me dé dinero. Nunca podré entenderlo o "captarlo". Nunca saldré de noche. Nunca te dejaré ver quién soy realmente. Nunca dejaré que nadie sepa qué me duele (física o emocionalmente). Nunca le diré nada a una mujer (u hombre). Nunca dejaré que un hombre (o una mujer) me controle. Nunca seré responsable de las acciones de otros. Nunca recibiré un cumplido. Nunca participaré completamente en la vida. Nunca permitiré que una mujer (o un hombre) entre en mi corazón. Nunca seré nada que valga la pena. Nunca creceré y seré maduro. Nunca estaré enojado. Nunca sabré quién soy. Nunca perteneceré. Nunca seré complaciente. Nunca lloraré. Nunca tendré hijos. Nunca sabré qué hacer con mi vida.

Votos "Siempre Lo Haré"
Siempre permaneceré distante. Siempre estaré separado. Siempre seré invisible y obediente. Siempre tendré miedo. Siempre seré rechazado. Siempre tendré el control. Siempre estaré soltero. Siempre seré lógico. Siempre seré fuerte. Siempre seré un producto dañado. Siempre seré usado o abusado. Siempre tendré dolor. Siempre seré pobre. Siempre estaré afuera mirando hacia adentro.

"Nunca Estaré Enojado": Un Ejemplo Personal

Cuando yo (Jerry) era joven, tomé varias decisiones desde el corazón que impactaron en mi vida adulta. El que más se destaca es el voto interno: "Nunca estaré enojado".

Mi padre se irritaba y se impacientaba fácilmente, y su ira y rabia podían salir repentinamente y cuando menos lo esperaba. Cuando era niño, odiaba su enojo por lo ansioso que me hacía sentir y cómo afectaba al resto de la familia, especialmente a mi madre. No recuerdo haber hecho nunca un voto de no estar enojado, pero a medida que crecía, y especialmente cuando me casé con Denise, nunca me enojé. No era que las cosas no me hicieran sentir frustrado, irritado o molesto. Simplemente, nunca dejaba que otros supieran que estaba enojado, especialmente la persona que era objeto de mi ira. Más bien, almacenaba mi ira, que no sólo no era saludable para mí, sino que también hacía que una parte de mi corazón no estuviera disponible para Dios, Denise y otros.

Como la única imagen de enojo que tuve mientras crecía me hizo creer que era hiriente, vergonzoso y equivocado, no quería tener nada que ver con eso. Así que, apagué todos los sentimientos de ira. Si me hubieras preguntado si alguna vez había decidido "Nunca estaré enojado", habría respondido rápidamente que no. Pero al mirar de cerca mi vida y mis relaciones, me di cuenta de que la forma en que me relacioné con los demás demostró que había hecho tal voto.

Si las palabras *siempre* o *nunca* son demasiado fuertes para ti porque la afirmación no es cierta para ti todo el tiempo, entonces retrocede y examínala desde una perspectiva más amplia. Por ejemplo, es posible que no sientas que *siempre* tienes que tener el control de todo; pero la mayoría de las veces así es como vives o te sientes más cómodo. Si es así, busca un posible voto interno que comenzó temprano en tu vida.

Cuanto más control necesitamos en nuestra vida adulta, más descontrolada o caótica ha sido nuestra infancia. Conocer los votos internos que has hecho te ayudará a conectarte con el dolor y la pena del niño dentro de ti que estaba tratando de lidiar con entornos difíciles mientras crecía.

Los Votos "Buenos" Siguen Siendo Votos Malos

A veces hacemos votos que se considerarían positivos, pero en realidad nos obstaculizan. Por ejemplo, alguien que creció en un hogar violento o abusivo puede haber hecho el voto "Nunca seré violento o abusivo". Parece una buena decisión. Sin embargo, cuando tomamos decisiones con el puño cerrado en el corazón, incluso las que producen un buen comportamiento, todavía dependemos de nuestra propia capacidad o rectitud para hacer lo que es bueno y evitar lo que es malo. No estamos confiando en Dios y dependiendo de su habilidad, su fuerza, para ayudarnos a mantener un comportamiento bueno y piadoso.

Esto no significa que, como adultos, debamos perpetuar el comportamiento destructivo que observamos de niños. Sin embargo, significa que debemos llegar a un punto de darnos cuenta de que no podemos hacer nada sin la gracia de Dios.

Los Muros Fortificados Producen Corazones de Piedra

Los mecanismos de defensa y los votos internos depositan nuestra confianza en nuestro propio poder más que en Dios, para ser nuestra defensa, nuestra protección y nuestra fuerza. Estos muros de protección construidos por nosotros mismos se fortalecen en nosotros a lo largo de los años y hacen que nuestros corazones se endurezcan o se separen de Dios. El Señor está celoso de nosotros y de nuestros afectos (Éxodo 20: 5) y nos pide que lo amemos con *todo* nuestro corazón (Lucas 10:27). Pero no podemos darlo por completo y recibir de él hasta que le permitamos derribar nuestros muros.

Estos muros de defensa alrededor de nuestros corazones se correlacionan con las ciudades fortificadas del Antiguo T e stamento. Moisés advirtió a los israelitas que la desobediencia a Dios resultaría en que el Señor traiga una nación contra ellos, *"Y esa nación te pondrá sitio en todas tus ciudades, hasta que tus muros altos y fortificados en los cuales tú confiabas caigan por toda tu tierra; y te sitiará en todas tus ciudades, por toda la tierra que el Señor tu Dios te ha dado"*. (Deuteronomio 28:49, 52, cursiva agregada). Jeremías reiteró este profético mensaje de advertencia, afirmando que "[una nación distante] *destruirá tus ciudades fortificadas en que confías"*. (Jeremías 5:17, cursiva agregada).

Los diversos mecanismos que utilizamos como adultos para protegernos son una forma de engaño demoníaco. Engañados para creer que podemos y debemos defendernos, nos apoyamos en nuestra propia comprensión en lugar de confiar en el Señor (Proverbios 3:5).

Pero si hemos depositado nuestra confianza en Jesucristo, entonces él, a su vez ha hecho lo que Ezequiel 36:26 promete: "Además, os daré un corazón nuevo y pondré un espíritu nuevo dentro de vosotros; quitaré de vuestra carne el corazón de piedra y os daré un corazón de carne". Jesús nos invita a entregar nuestros corazones a él completamente y así *experimentar* lo que ya ha sucedido.

Invitar a la Debilidad Divina

Un fruto positivo resulta de revelar y lidiar con nuestras defensas; sin embargo, muchos luchan con la elección de este camino. ¿Por qué? Debido a que enfrentar y sentir el dolor no resuelto del pasado requiere que nos volvamos débiles y vulnerables, algo en lo que podríamos haber trabajado gran parte de nuestra vida adulta para evitarlo. Muchos equiparan renunciar a sus mecanismos de autodefensa a estar totalmente indefensos. Estas personas han aprendido a sobrevivir con su propio poder toda su vida. Cuando no había nadie más en quien confiar, cuando todos los demás los decepcionaban, sabían que siempre podían contar con ellos mismos. Se endurecieron y no necesitaban a nadie. Lógicamente, entonces, podrían preguntar: "¿Por qué querría rezar bajando mis defensas y abriendo mi corazón para sentir? ¿Por qué querría volver allí y sentirme así de nuevo? ¿Qué bien me hizo entonces, y cómo podría hacerme bien ahora?

Sin embargo, la única forma efectiva que conocemos para encontrar una curación profunda para el corazón es abrazar la Debilidad Divina. *El Espíritu del Señor está sobre mí, porque me ha ungido para anunciar el evangelio a los pobres. Me ha enviado[a] para proclamar libertad a los cautivos, y la recuperación de la vista a los ciegos; para poner en libertad a los oprimidos;* (Lucas 4:18). Debemos reconocer que nuestros corazones están rotos y, en diversos grados, retenidos en cautiverio.

El apóstol Pablo se dio cuenta cuando gritó varias veces para que Cristo interviniera en su lucha. La respuesta de Jesús: "Mi Gracia es suficiente para ti, porque mi poder se perfecciona en la debilidad" (2 Corintios 12:9), cambió algo en Pablo. No corrió ni se escondió de su debilidad. Por el contrario, escribió: "Te basta mi gracia, pues mi poder se perfecciona en la debilidad. Por tanto, muy gustosamente me gloriaré más bien en mis debilidades, para que el poder de Cristo more en mí". (2 Corintios 12:9).

Una vez que estés dispuesto a aceptar la Debilidad Divina en lugar de los mecanismos de defensa y los votos internos, estás listo para derribar tus escudos. El primer paso es reconocer todas tus defensas ante Dios. Luego, comparte con él lo que estás dispuesto a cambiar. Finalmente, pide y recibe su perdón. Por ejemplo, si te das cuenta de que hiciste un voto, "Nunca permitiré que nadie sepa que sufro", simplemente reza en voz alta algo como esto:

"Señor, renuncio al voto de que nunca permitiré que nadie sepa que sufro. Por tu gracia, estoy dispuesto a comenzar a hacerles saber a otras personas a quienes me dirijas cuando estoy sufriendo".

Luego continúa con el siguiente voto:

"Señor, renuncio al voto de que siempre seré fuerte. Por tu gracia, estoy dispuesto a ser débil para que puedas ser fuerte en mí".

A continuación, los mecanismos de defensa:

"Señor, reconozco que he usado la *minimización* como un medio para protegerme de sentir dolor. Si dices que algo es un gran problema, entonces quiero que sea un gran problema para mí."

"También reconozco que he usado *aislamiento emocional* para evitar el rechazo de otros. Quiero aprender a relacionarme con los demás y no esconderme de las relaciones."

Cuando hayas terminado con tus agradecimientos, simplemente concluye en oración:

"Gracias por perdonarme, Señor. Recibo tu perdón y me perdono a mí mismo".

Al agradecer a Dios las formas en que nos hemos protegido, rompemos el poder del engaño del Enemigo y ponemos en marcha la transferencia de confianza de nosotros mismos a Dios. Hacerlo a menudo sirve como un primer paso dramático en el proceso de curación.

La Gracia de Cambiar

Renunciar a nuestra propia fuerza y abrazar la debilidad para experimentar más plenamente el reino de Dios, no es muy atractivo, especialmente en nuestra cultura occidental. Puede parecer una tontería para muchos. Pero "Dios ha escogido lo necio del mundo, para avergonzar a los sabios; y Dios ha escogido lo débil del mundo, para avergonzar a lo que es fuerte;" (1 Corintios 1:27).

Ten en cuenta que volverse débil, vulnerable e indefenso no significa que nos convertimos en un felpudo para los demás. Lo que sí significa es que buscamos el discernimiento de Dios sobre cómo manejar una situación dada, en lugar de responder a nuestros métodos de defensa anteriores.

Por ejemplo, si alguien con quien te encuentras es emocionalmente inseguro, Dios podría indicarte que comuniques un límite piadoso en esa situación.

O tal vez alguien te está haciendo o diciendo algo hiriente. Al buscar el corazón de Dios en ese asunto, él puede indicarte que confrontes a esa persona enamorada en un esfuerzo por preservar o restaurar la relación a través de la honestidad, difícil de hacer si tu defensa típica es retirarte. Por otro lado, si tu defensa normal es la agresión, entonces Dios puede guiarte en una dirección diferente, igualmente difícil: no decir nada al principio, por lo tanto, esperar y preguntarle a Dios cuándo y cómo debes responder.

En situaciones como estas, aprenderás a ceder tu control a Dios, buscarás escuchar de él y luego responderás en consecuencia.

¿Los mecanismos de protección que has usado toda tu vida simplemente desaparecerán? No. Pero con el tiempo, comenzarás a ver cambios en tu corazón y acciones. Si eres serio con Dios acerca de querer cambiar, él te mostrará cuándo estás confiando en una de tus defensas pasadas, en lugar de en él. A menudo, el Espíritu Santo te empujará cuando estés a punto de responder de una manera antigua y auto protectora. Entonces la elección está ante ti. Sin embargo, comprende que el Padre tiene mucha gracia para ti mientras buscas salir de esta nueva forma de vida. No espera la perfección; sólo pide un corazón dispuesto y la humildad para admitirlo a él y a los que te rodean cuando te has equivocado y necesitas comenzar de nuevo.

La siguiente ilustración nos habló a los dos sobre nuestros caminos de curación personales, y la usamos con nuestros clientes. Dramatiza cómo el Padre cura y libera las partes heridas de nuestro corazón cuando las "sacamos a la luz".

> Cuando era niño, teníamos un montón de madera desechada junto a la casa en la que jugábamos. A principios del verano, cuando limpiamos el patio, tuve que recoger una tabla que había quedado tirada en el césped. Cuando lo hice, expuse un parche de tierra que había sido ocultado del sol, en el que no podía crecer el césped.
>
> Expuestos a la luz, todas las tijeretas, las chinches y las arañas salieron corriendo. ¡Estaba realmente feo bajo esa tabla! Solo unas pocas hebras amarillentas de hierba buscaron desesperadamente el borde del tablero y la luz del sol.
>
> Estuve tentado de dejar la tabla donde estaba, porque se veía mejor que ese lugar desnudo en el césped. Pero la tabla fue arrojada, y el feo lugar desnudo quedó expuesto a la luz.
>
> Sin embargo, a medida que avanzaba el verano y el césped se regaba, cortaba e iluminaba con el sol, el lugar se llenaba de hierba. Para el fin del verano, nadie hubiera sabido que el lugar feo había estado allí.[25]

Puede ser de la misma manera en nuestro viaje de curación. Cuando exponemos lo que yace oculto dentro de nosotros, la luz de la verdad puede brillar en esos lugares. El proceso probablemente será doloroso y tendremos la tentación de ocultar las cosas feas nuevamente. Sin embargo, si invitamos al Espíritu Santo a estar aquí con nosotros en este camino de curación del corazón, entonces la luz hará su trabajo. Y a su debido tiempo, el área oculta se curará.

En su libro *In the Voice of a Child*, Judy Emerson comparte lo que aprendió sobre los mecanismos de autoprotección durante su viaje de curación del abuso sexual:

> Si le pido a un médico que cure una herida en mi cuerpo, insistirá en que me quite las cuatro capas de ropa que la cubren. Tiene que examinar la herida primero. Para que un terapeuta me ayude a sanar una herida espiritual y emocional, me pedirá que elimine las racionalizaciones y los mecanismos de defensa que la disfrazan. Tenemos que examinar la herida. Tenemos que evaluar la extensión del daño para que la cura esté completa . . .
>
> Decir las palabras sobre lo que sucedió en ese momento, nos saca de la negación y nos permite admitir nuestra necesidad. Y rompe las cadenas que crea el secreto . . . Porque cuando lo exponemos a la luz de Cristo, ya no estamos atados a él.[26]

El Señor busca corazones rotos y humillados (Salmo 51:17) que creen que él es bueno y confiable, y que tiene en mente nuestros mejores intereses. Él desea que tengamos un mayor nivel de intimidad con Él y una mayor capacidad para que podamos dar y recibir amor, incluido el amor por nosotros mismos. Él quiere derramar su "bondad, tolerancia y paciencia, que te guía al arrepentimiento" (Romanos 2:4) y romper cualquier cosa que pueda bloquear tal regalo. ¿Lo elegirás sobre tu miedo? ¿Comenzarás a derribar tus defensas? ¿Estás dispuesto a confiar en él?

ORACIÓN

Padre, necesito tu ayuda. Sé que he desarrollado formas de protegerme del dolor, especialmente el dolor que comenzó hace mucho tiempo. Necesito que me muestres las formas en que he hecho esto. Aunque estoy inquieto e incluso temeroso de abrir esta puerta, quiero vivir desde el lugar de "vida abundante" que tu Hijo vino a darme.

Al exponer las formas en que he aprendido a protegerme, por favor, dame la gracia de rechazar las defensas y mecanismos creados por mí. Te invito a defenderme y protegerme. Te pido que me hagas débil con una Debilidad Divina, para poder vivir de tu fuerza. Señor, te pido que me hagas indefenso en mi propia habilidad para que realmente puedas ser mi defensa. Y te digo, que estoy dispuesto a sentir lo que me harías sentir, ni más ni menos de lo que dices que es necesario. Estoy dispuesto, por tu Gracia, a ser emocionalmente honesto, transparente y vulnerable ante Ti y ante los demás que Tú digas que son dignos de confianza. Rezo todo esto en el nombre de tu Hijo, Jesús, amén.

Escudos Arriba: Las Maneras De Protegernos a Nosotros Mismos

PREGUNTAS PARA LA REFLEXIÓN

1. Revisa la sección sobre "Ejemplos de mecanismos de defensa". ¿Cuáles puedes identificar en ti? (Puede ser útil preguntarle a alguien cercano a ti, qué es lo que ve en ti, ya que es posible que no veas algunas de las defensas en ti mismo).
2. Reflexiona sobre lo siguiente: Todos los mecanismos de defensa tienen una cosa en común: nos colocan a nosotros, en lugar de a Dios, en el control de nuestras vidas. Como resultado, nuestra relación con él sufre y nos deja sin curar. ¿Es esta una nueva revelación para ti? Explica. ¿Estás dispuesto a poner a Dios en control de tu vida? ¿Por qué sí o por qué no?
3. ¿Cuál de los votos internos "nunca lo haré" y "siempre lo haré" puedes identificar en tu vida? ¿De qué maneras podrían haber endurecido tu corazón?
4. ¿Estás dispuesto en este momento a aceptar la Debilidad Divina, es decir, renunciar a tu propia fuerza a cambio de la de Dios? ¿Qué sentimientos evoca la idea de hacerlo? A veces, la resistencia en esta área proporciona pistas sobre heridas pasadas. Si experimentas tal resistencia, pídele a Dios que te muestre de qué se trata el bloqueo.
5. Cuando estés listo, encuentra un lugar tranquilo y presenta el sacrificio que Dios desea: un corazón quebrantado y humillado. Ofrécele tus escudos autoprotectores, sabiendo que planea curar el dolor interno que has querido evitar enfrentar.
6. Vuelve a leer la oración de cierre en voz alta y hazla tuya. Mantén esta verdad por adelantado: Jesús vino a sanar a los quebrantados de corazón y a liberar a los cautivos, y eso incluye sanar *tu* corazón y liberar*te*.

CAPÍTULO OCHO

LA VERGÜENZA Y LAS MENTIRAS QUE CREEMOS

Nunca supe quién era realmente porque toda mi vida he estado usando una máscara, actuando y tratando de complacer a los demás. Mi madre incluso me hizo vestirme con mucho maquillaje y bien peinada, porque "Nunca se sabe si alguien te verá".
—*Una adolescente durante su recuperación de la anorexia.*

Comprender la Vergüenza Saludable

Mucha gente no entiende la vergüenza. Vamos a obtener una comprensión precisa de la vergüenza en sus dos formas: saludable y tóxica.

La vergüenza a menudo resulta de haber hecho algo vergonzoso, deshonroso, atroz o desacreditador. Tal vez, cometiste un error en el trabajo que impactó negativamente en tu sector. Mucha gente sabía que tú habías causado el problema. Fue solo un error humano, pero de todos modos te sientes avergonzado. Este tipo de vergüenza, en su forma apropiada, te permite saber que tienes limitaciones y cometerás errores.

O tal vez dijiste una mentira, o tomaste un atajo para redactar un informe, o expresaste tus frustraciones personales en tu cónyuge. Sabías que estaba mal, pero lo hiciste de todos modos. Tales acciones también deberían producir un sentimiento de vergüenza. La vergüenza saludable te permite sentir dolor o pena cuando violas las formas diseñadas por Dios de amarte a ti mismo y a los demás. Vergüenza por el pecado o "perder la marca" de los caminos de Dios — tiene la intención de producir el buen fruto del dolor piadoso que conduce al arrepentimiento (2 Corintios 7:9-11).

La vergüenza saludable a menudo se usa indistintamente con el término *culpa verdadera*. Sentir este tipo de vergüenza nos lleva a hacer las cosas bien con los afectados por nuestras acciones. Cuando sea posible, podemos trabajar para corregir los resultados de lo que hemos hecho. En el caso de una relación, podemos buscar la reconciliación y la restauración. Incluso si no podemos revertir los resultados de nuestra acción o falta de acción, aún podemos asumir la responsabilidad de ello. Lo más importante, podemos reconocer ante Dios que lamentamos mucho lo que ocurrió. Pedir y recibir su perdón a través de Jesucristo, y luego perdonarnos a nosotros mismos, nos permite avanzar con una nueva esperanza.

Todo lo anterior son razones por las cuales Dios, a través del Espíritu Santo que vive en nosotros, nos permite experimentar y procesar una vergüenza saludable.

Vergüenza Tóxica

La *vergüenza tóxica* impía es muy diferente de la vergüenza saludable. Es uno de los problemas más frecuentes y perjudiciales que abordamos en el asesoramiento. La vergüenza tóxica nos roba la vida que el Padre pretende que experimentemos. Interfiere con vivir apasionadamente como amantes de Dios y de nuestros semejantes.

La vergüenza tóxica se revela de múltiples maneras. Comúnmente, se manifiesta como una creencia desesperada y dolorosa de que una parte de nosotros es defectuosa, mala, falsa, inadecuada o fracasada. Podemos experimentar una sensación de inutilidad, de tener poco o ningún valor. Nos sentimos aislados y alienados, diferentes y menos que otros. Nos juzgamos a nosotros mismos y nos convertimos en objeto de nuestro propio desprecio.

A través de la auto vergüenza, nos convertimos en nuestro propio atormentador, ganando terreno para el Enemigo. Poco sobre nosotros nos satisface o nos agrada; sin embargo, siempre podemos encontrar muchas cosas para criticar. Juzgándonos por estándares ideales, nos condenamos a probar repetidamente lo obvio: que nunca podemos "hacerlo lo suficientemente bien".

Nuestro juicio propio bloquea la convicción genuina del Espíritu Santo y, por lo tanto, el verdadero arrepentimiento y el cambio.

Además de hacernos sentir defectuosos o inadecuados, la vergüenza tóxica también nos convence de que otros pueden ver a través de nosotros, más allá de nuestra máscara y directamente hacia nuestros defectos. En respuesta, podemos alejarnos físicamente de las personas, o podemos escondernos emocionalmente proyectando una fachada que proteja nuestro verdadero yo.

La vergüenza tóxica nos hace temer compartir nuestro ser interior, porque si lo hacemos, es posible que no seamos aceptados por lo que realmente somos. En cambio, a menudo aprendemos a proyectar una imagen de lo que creemos que otros quieren ver. Exponer nuestro verdadero ser, parece exponerse demasiado, demasiado vulnerable. El riesgo de rechazo es demasiado grande, el miedo demasiado formidable. Por lo tanto, aprendemos una regla crucial para la vida: *Evitar la vergüenza a toda costa.*

Los Rostros de La Vergüenza Tóxica

Hazte las siguientes preguntas (y, además, pregunta a las personas más cercanas cómo responderían sobre ti):

- ¿Me pongo a la defensiva con los demás?
- ¿Soy crítico conmigo mismo y con los demás?
- ¿Es mi diálogo interno negativo, condenatorio y despiadado?
- ¿Soy un perfeccionista?
- ¿Estoy impulsado por el rendimiento, un ser humano versus un ser humano?
- ¿Temo la cercanía y la intimidad, anhelándolas, pero huyendo de ellas?
- ¿Me aíslo física o emocionalmente, apagando u ocultando mis sentimientos?
- ¿Estoy controlando a los demás?
- ¿Tengo dificultades para identificar o expresar sentimientos?
- ¿Soy una persona complaciente, anhelante de aprobación y reconocimiento?

- ¿Tengo dificultades para confiar en otros, incluido Dios?
- ¿Soy sensible a las críticas, incluso cuando son constructivas?
- ¿Es difícil para mí admitir que estoy equivocado y decir que lo siento?
- ¿Necesito tener razón para sentirme mejor conmigo mismo?
- ¿Tengo dificultades para tomar decisiones?
- ¿Me encuentro tratando de demostrar que estoy bien trabajando más o haciendo más?
- ¿Lucho con comportamientos adictivos?

Una respuesta afirmativa a cualquiera de estas preguntas apunta a una herida de vergüenza.

El Lado Controlador de La Vergüenza Tóxica

Algunos de nuestros clientes no se relacionan con los síntomas de vergüenza tóxica que acabamos de identificar. Sin embargo, estas personas luchan de manera significativa en sus relaciones con Dios y con los demás. A medida que profundizan en las razones detrás de sus dificultades, surge la vergüenza tóxica, pero en una forma diferente. Lo llamamos *vergüenza controladora o agresiva*, pero no es más que vergüenza.

Este tipo de vergüenza no deja lugar a sentimientos de inferioridad, falta de conformidad o fracaso. Domina la fuerza personal y la voluntad propia. Los sentimientos, buenos o malos, tienen poco lugar. Tal individuo puede presentarse como exigente, rígido e inflexible, en control. Puede parecer que ignoran las necesidades y opiniones de los demás. Su objetivo es tener éxito, verse bien, tener la razón y hacerlo bien. Con este tipo de vergüenza, las relaciones abiertas, honestas y vulnerables son difíciles de lograr. Pero, a menos que estés en una relación cercana con alguien influenciado por el control de la vergüenza, tal vez no sepas las consecuencias relacionales que produce.

Un gran miedo invisible subyace al impulso externo de esa persona. No es miedo manifiesto, como el miedo a las alturas o el miedo a hablar en público. Más bien, es un miedo arraigado y profundo, como el miedo a no tener el control; el miedo a no tener lo que se necesita para tener éxito; el miedo al fracaso, que apunta a un núcleo de inseguridad. Pero este tipo de persona ha aprendido a compensar su profundo problema de vergüenza de una manera que lo oculta. Lo que podría ser más evidente es su necesidad de ejercer control, resistir el control o ambos.

Si bien estos individuos generalmente exhiben pocos sentimientos, la única emoción que muestran a menudo es la ira, y otros lo saben muy bien. Ira es una emoción importante, y generalmente apunta a otros sentimientos como pérdida, desilusión, dolor y traición. Pero la ira, también puede usarse como defensa para lidiar con niveles más profundos de miedo e inseguridad.

Dado que estas personas suelen tener éxito en la forma en que la sociedad ve el éxito, muchas veces las aplauden. Pero la motivación detrás de su éxito es la vergüenza: asegurarse de que los sentimientos profundamente arraigados de insuficiencia nunca sean vistos por otros, ni por ellos.

Sin embargo, la verdad surge cuando las medidas del éxito se eliminan. Problemas de salud, fallas financieras, problemas matrimoniales... diferentes tipos de pérdidas comienzan a acumularse. Cuando las pérdidas exceden la fuerza de los mecanismos de defensa de una persona, entonces el ser falso, fuerte y externo que oculta la identidad basada en la vergüenza, comienza finalmente a decaer y desaparecer. Ahora puede comenzar la curación real. Desafortunadamente, en este momento, ya se han producido daños considerables en las relaciones importantes.

La Vergüenza Tóxica Produce Orgullo

La vergüenza tóxica resulta en cualquiera de las dos formas de orgullo. Puede ser el orgullo que dice: "Puedo hacer esto. Puedo sobrevivir y vencer, y ser victorioso y mostrarte que soy alguien". O es el orgullo que dice: "Soy tan inadecuado y tan defectuoso, que nunca podré curarme y nunca cambiaré". Este último tipo de orgullo a menudo se denomina *orgullo del gusano*. La persona dice, en esencia, que es un problema demasiado grande, incluso para Dios.

Aunque a veces puede ser importante confrontar el orgullo desde una perspectiva espiritual, consideramos que es más importante y efectivo lidiar con el miedo subyacente, ya que el *miedo generalmente es la base del orgullo*. Según 1 Juan 4:18, "En el amor no hay temor, sino que el perfecto amor echa fuera el temor, porque el temor involucra castigo, y el que teme no es hecho perfecto en el amor."

La Guerra Interna Sobre Nuestra Identidad

Como creyentes de Cristo, Dios nos define como sagrados y justos, como *santos*. Así es como Dios nos ve. Sin embargo, yo (Jerry) he luchado mucho a lo largo de los años para verme de la misma manera. ¿Por qué? ¿Por qué es fácil para algunos aceptar su nueva identidad en Cristo, mientras que a otros como yo les resulta mucho más difícil?

Denise y yo creemos que gran parte de la razón radica en si una persona recibió los mensajes necesarios cuando era niño para establecer las bases para aceptarse y abrazarse a sí mismo y a los demás.

En mi caso, las piezas faltantes en mi desarrollo como niño me convencieron, en el fondo de mi corazón, de que "soy yo y no estoy bien" en lugar de "soy yo y estoy bien". No era un asunto en el que pensara seriamente antes de llegar a mi conclusión; los niños no tienen ese tipo de habilidad cognitiva. Hasta los cinco años, los niños son realmente sólo bolsas de sentimientos. Su mundo gira en torno a lo que sienten y perciben. Su sentido de valor e importancia proviene de sus corazones y espíritus, no de sus mentes. Entonces, a medida que seguía creciendo, luché con una identidad basada en la vergüenza, que no me hacía sentir lo suficientemente bien, y me preparó para una gran cantidad de miedo y ansiedad. Quería no solo hacerlo bien y ser bueno, sino aún más, evitar hacer cualquier cosa que me hiciera quedar mal.

Cuando le entregué mi corazón a Jesús, cuando tenía poco más de treinta años, no tuve una respuesta emocional abrumadora, pero sabía que algo había cambiado dentro de mí. Había experimentado un cambio de corazón, algo que se hizo aún más evidente a medida que pasaban las semanas. El problema era que esta buena noticia no llegó de inmediato a todos los lugares de mi corazón. Sabía en mi mente, y hasta cierto punto en mi corazón, que ahora estaba "limpio, había sido perdonado, lavado y aceptado", pero las profundas y fundamentales mentiras que forman vergüenza destructiva y tóxica, aún tenían que ser tratadas.

Entonces, aunque ahora tenía un Padre perfecto que me amaba, apreciaba, abrazaba y aceptaba sin importar qué, todavía tenía que enfrentar la vergüenza central que luchaba contra esta verdad. Dentro de mí, se estaba librando una guerra. Todavía tenía miedo y ansiedad, pero ahora estaba relacionado con mi desempeño en mi relación con

Dios. Quería que Dios se sintiera complacido conmigo, pero aún más, quería evitar sentir que, de alguna manera, estaba disgustado o decepcionado conmigo. No fue sino hasta un par de años después, cuando me sometí al proceso de encontrar al niño herido dentro de mí y llevarlo al Padre, que se resolvió esta verdadera vergüenza. Teológicamente, el trabajo interno que experimenté se llama *santificación*.

Buscando Validación: "¿Sellarán Mi Boleto?"

Cuando nuestra identidad central se basa en la vergüenza en lugar de centrarse en la verdad de quién Dios nos hizo ser, a menudo luchamos con la necesidad de validación. En el nivel más básico, cuando algo es válido, es cierto. Si algo no está a la altura o no cumple con los criterios establecidos, entonces diríamos que no es válido.

A lo largo de los años, hemos trabajado con muchos hombres y mujeres que han luchado con la invalidación y su consiguiente falta de sentimiento de estar bien consigo mismos. En algunos, esto se demuestra a través de su constante necesidad de confirmación y aprobación. En otros, se manifiesta a través de un exterior endurecido, un muro, su forma de tratar de persuadirse ellos mismos y a quienes los rodean de que son legítimos, competentes o *alguien*. De cualquier manera, el síntoma más revelador de invalidación es la incapacidad de experimentar y mantener relaciones íntimas con los demás y con Dios.

Hace unos años, durante un tiempo de ministerio personal, el Señor trató con mi corazón (el de Jerry) mi lucha contra la invalidación. Mientras buscaba al Padre por su perspicacia, una imagen vino a mi mente. Era de mí conduciendo a un estacionamiento y recibiendo un boleto de la máquina al entrar. Un representante del negocio que yo estaba visitando, me selló el boleto y se lo presenté al encargado más tarde al salir del garaje. Mi boleto validado significaba que estaba aprobado y, por lo tanto, no tenía que pagar.

Supe de inmediato lo que el Señor me estaba mostrando. Una de mis dificultades en la vida ha sido saber que soy realmente válido, que en mi parte más profunda, estoy bien. Esto fue particularmente evidente hace muchos años. Sin darme cuenta. Con frecuencia, tenía mi boleto, esperando que alguien lo validara para hacerme sentir que estaba bien. No fue sino hasta que empecé a creer en Cristo que él comenzó a revelar el poder de la invalidación en mi vida.

Estoy agradecido por el profundo trabajo que Dios ha hecho en esta área a lo largo de los años; sin embargo, durante ese tiempo de ministerio personal, él reveló mi necesidad de un nivel de curación aún más profundo. Ya no tenía mi boleto en la mano, pero lo tenía guardado en mi bolsillo. Y en algunas circunstancias — una decepción personal, por ejemplo, o un fracaso personal — todavía podría encontrar ese boleto y sentir la tentación de esperarlo para la validación externa. Esta revelación me ayudó a someter mi corazón a Dios para una mayor curación. En ese momento sentí dolor, pero hoy ya no tengo un boleto para sellar. Aún mejor, el Padre me mostró que su sello ya estaba en mí . . . VALIDADO.

Las Causas de La Vergüenza Tóxica

Como se mencionó, nuestra identidad central, cómo nos vemos y sentimos acerca de nosotros mismos, se forma muy temprano. Varias circunstancias afectan su desarrollo, pero está influenciada de manera más significativa por nuestros cuidadores primarios, típicamente nuestro padre y madre, y también por maestros, hermanos y otras personas que tienen un impacto significativo en nosotros en la infancia.

De niños, podemos estar expuestos a mensajes vergonzosos que tienen un efecto profundo en nosotros más adelante en la vida.[27] Estos mensajes nos los pueden decir, pero también se pueden comunicar sin palabras. Simplemente se aprenden en el entorno. Por ejemplo, es posible que tus padres nunca te hayan dicho: "No llores", pero de alguna manera aprendiste que llorar no era algo bueno en tu hogar. Tal vez sabías que llorar le daría a tu madre o padre una razón para "realmente darte algo por qué llorar".

Estos mensajes vergonzosos no expresados se pueden transmitir a través de una mirada, un ceño fruncido, una mirada fija, un gesto, una patada o una bofetada en la cara. Mi abuela (de Denise) solía "lanzarles" una cuchara en la frente a mis primos. Cualquiera de estas acciones puede transmitir el mismo mensaje de vergüenza, que el niño puede internalizar como verdadero sobre su propio ser.

Por supuesto, las palabras también tienen un impacto poderoso. Las declaraciones vergonzosas que los niños escuchan comúnmente incluyen: ¡Debería darte vergüenza! Deberías saberlo. ¿Cómo puedes ser tan estúpido? A los niños hay que mirarlos, no escucharlos. No hagas preguntas, solo haz lo que te digo. Los niños/niñas grandes no lloran. Eso no dolió. Siempre tienes que verte bien. No traiciones a la familia. Nunca llegarás a nada.

Al lado polaco de mi familia (de Denise) le gustaba usar la palabra alemana *dummkopf* para transmitir un mensaje de vergüenza. Los sinónimos son extensos: estúpido, idiota, burro, pájaro dodo, bobo, imbécil, tonto, zoquete, cabeza hueca y mucho más. Solo recordar algunas de las veces que me llamaron dummkopf evoca a un viejo y familiar sentimiento de "Estoy mal" en el estómago. Otras etiquetas dolorosas dañan a los niños igual de mal: inútil, puta, perdedor, jodido, error, sólo por nombrar algunos. Estos son mensajes difíciles de superar para cualquiera.

Además, la *ausencia* de afirmación, aceptación, afecto, protección y un sentido de pertenencia comunican un mensaje igualmente devastador para un niño, del cual se desarrolla un núcleo de vergüenza. Los niños necesitan *escuchar* las palabras "Te amo". Los niños necesitan *sentir* el afecto y el contacto apropiado, y el cuidado de sus padres o cuidadores. Los niños no entienden que cuando sus padres retienen el afecto y la afirmación o infligen cualquier tipo de abuso, revela algo tristemente perdido en los padres, no algo irremediablemente defectuoso en el niño.

Ten en cuenta que estamos hablando de un sistema de creencias que se solidifica entre las edades de dos y cuatro. Además de eso, nuestra personalidad está firmemente establecida a la edad de siete años. Los problemas negativos pueden, por supuesto, afectar a un niño más allá de estos años formativos, pero en su mayor parte, solo los eventos traumáticos como la muerte de un ser querido, el divorcio, el abuso sexual y similares, darán forma dramática a la personalidad de un niño después de eso.

El Impacto de La Vergüenza en una Familia Disfuncional

Cuando uno o ambos padres albergan una vergüenza tóxica oculta, afecta a todos en la familia. Un niño que no siente que su madre o su padre lo ama, experimenta un rechazo abrumador y un abandono emocional. Para lidiar con este dolor, el niño encontrará formas de sobrellevarlo. A menudo aprende a apagar sus emociones y sus necesidades.

Los niños que crecen en familias disfuncionales basadas en la vergüenza aprenden tres reglas fundamentales: No hablar. No confiar. No sentir. Un niño no habla porque no hay un lugar donde sus pensamientos, opiniones e intereses sean escuchados, entendidos y validados. Ella no confía, porque aprende que ser vulnerable y abrirse a los demás la lastima, así que decide que no puede confiar en nadie más que en sí misma. Y un niño no siente, porque sentir es demasiado doloroso.

Los niños que crecen en entornos disfuncionales a menudo también aprenden tres reglas adicionales: No esperar. No planear. No soñar. Estas reglas hablan por sí mismas.

A medida que los niños evolucionan desde la infancia hasta la adolescencia, y la edad adulta, las reglas bajo las cuales operaron como niños para sobrevivir, permanecen vigentes. Las respuestas y reacciones automáticas en situaciones relacionales no desaparecen así nomás, incluso cuando un individuo se convierte en un creyente de Cristo. Las reglas que gobiernan un corazón herido bloquean nuestra capacidad de sentir el amor de Dios Padre y el amor de los demás. Eventualmente, sin embargo, estas desventajas emocionales comienzan a pasar factura. Llegamos a un punto donde necesitamos buscar ayuda tanto de Dios como de los ayudantes que él pone en nuestro camino. Por fin, comenzamos a desaprender las mentiras centrales en las que hemos vivido. Nuestros patrones poco saludables comienzan a romperse y podemos avanzar con nuestra curación.

Kristen, una preciosa joven, escribió la siguiente carta a su yo más joven durante su fin de semana de asesoramiento con nosotros. Podíamos sentir el amor curativo casi tangible que el Padre estaba vertiendo en su yo herido y avergonzado mientras nos leía en voz alta. Fue un momento de transformación en la historia de su vida.

Querida pequeña Kristen,

Te escribo porque quiero afirmar y validar cosas en ti que nunca antes fueron validadas. Quiero decirte que eres libre de ser tú misma. Eres totalmente aceptada. No eres rara. No fuiste hecha para llevar las cargas de los demás. Ponlas a los pies de Jesús. No es tu trabajo manejar la ansiedad en la sala o amortiguar el conflicto. Todo lo que tienes que hacer es ser completa y plenamente tú.

Pequeña, es bueno llorar, compartir, expresar. No apagues eso. No tienes que ser fuerte para nadie. Tienes un Padre en el cielo que será fuerte por ti. Se te ha dado la capacidad de pensar profundamente y analizar. "No eres demasiado" para nadie. Eres perfecta de la forma en que fuiste hecha.

Lamento haberte evitado, rechazado y negado. Lamento no haberte considerado nunca antes. Eres tan joven y estás hambrienta por encontrar tu lugar en el mundo. Por favor, sé que eres perfecta como eres y que no eres demasiado para mí. Eres hermosa, sin defectos, de hecho, encantadora. No tienes nada que medir y nada que demostrarme. Te amo, te amo, te amo.

Con cariño, Yo

Las Mentiras Que la Vergüenza Dice

Como lo debes suponer, las creencias o mentiras distorsionadas acerca de nosotros mismos, otros y Dios, están en el centro de la vergüenza tóxica. Cuando yo (Jerry) comencé a darme cuenta de la presencia de la vergüenza en mi propia vida, tuve que lidiar con mentiras que me estaban influenciando a un nivel profundo. Ellas y su vergüenza resultante no dieron inicio a nada de lo que hice — yo era demasiado joven. Entraron como resultado de las heridas en mis padres, infligidas por sus propias familias de origen. No quería creer estas mentiras, especialmente una vez que sabía lo que Cristo había hecho por mí y cómo me veía el Padre. Pero mis mejores esfuerzos para refutarlos fueron a menudo inadecuados.

Un aspecto clave de la curación de la vergüenza tóxica es identificar las mentiras con las que operamos y enfrentarlas con la verdad de las Escrituras.[28]

Este es solo un aspecto de lidiar con la vergüenza tóxica, pero es importante. Pedimos a las personas que asesoramos que evalúen honestamente lo que creen sobre sí mismos en categorías como la autoestima, el rechazo, el sentido de pertenencia, la culpa, y los rasgos físicos y de personalidad. ¿Se aplica a ti alguna de las siguientes declaraciones?

No pertenezco. Siempre estaré desde afuera mirando hacia adentro.
Mis sentimientos no cuentan. A nadie le importa lo que siento.
Yo soy el problema. Cuando algo sale mal, es mi culpa.
Nadie se preocupará por mí solo porque soy yo.
Si conocieras el verdadero yo, me rechazarías.
Incluso cuando hago lo mejor que puedo, no es lo suficientemente bueno.
Nunca puedo cumplir con el estándar.
Tengo que planificar todos los días de mi vida.
No me puedo relajar.
Necesito ser pasivo para evitar conflictos y correr el riesgo de que otros me desaprueben.
Debo usar una máscara para que la gente no vea quién soy realmente y me rechace.

Otras mentiras surgen más en nuestras relaciones con los demás y con Dios. ¿Alguno de estos casos se aplican a ti?

Tengo que proteger y ocultar mis emociones.
No puedo darle a nadie la satisfacción de saber que me han hecho daño.
La forma correcta de responder si alguien me ofende es castigarlos anulándolos o aislándolos.
Mi valor se basa totalmente en el juicio de los demás sobre mí.
Si dejo que alguien se acerque a mí, es posible que me rompan el corazón nuevamente y no puedo arriesgarme.
Estoy solo; nadie vendrá a rescatarme si necesito ayuda.
Dios ama a otras personas más que a mí.
No importa cuánto lo intente, nunca podré complacer a Dios.

Es posible que ya sepas en tu mente que una afirmación dada no es cierta. Pero una respuesta racional e inteligente no es lo que cuenta aquí. Por el contrario, pregúntate "¿Sigue mi vida en la dirección de alguna de estas mentiras, especialmente cuando no estoy bien emocionalmente?" Dicho de otra manera, "¿Lucho por dentro con alguno de estos pensamientos y sentimientos poco saludables?"

¡IMPORTANTE! Al abordar las mentiras en la base de la vergüenza tóxica, *recuerda que no estamos tratando solo con problemas emocionales, sino también espirituales.* Las mentiras que existen en nuestros corazones forman fortalezas espirituales o argumentos que se oponen al conocimiento de Dios (2 Corintios 10:5). Cuando reconocemos estas mentiras ante el Padre y decimos su verdad a nuestros corazones, el mensaje *que él quiere que creamos*, damos el primer paso para demoler la fortaleza que esas mentiras han tenido sobre nosotros.

Sin embargo, aunque refutar la mentira es importante, no es suficiente. Podemos abordar el problema lógicamente, pero un argumento lógico no cambiará el corazón. Para que ocurra la verdadera curación, el amor del Padre tiene que llegar a los lugares, a menudo muy jóvenes, donde ocurrió la lesión.

Durante mis sesiones con un consejero pastoral hace muchos años, yo (Jerry) me di cuenta de las heridas infantiles basadas en mentiras que condujeron a mis comportamientos adultos. Fue una revelación crítica. No solo estaba loco; mis problemas existían por una razón, y saber esto, me trajo alivio. También me dio esperanzas de curación. Si estas cosas fueron escritas en libros de curación emocional, entonces, yo no era el único con un problema, y la gente realmente se curaba.

Pero si me hubiera detenido solo con ese conocimiento, mi curación más profunda del corazón no habría ocurrido.

La Biblia describe el proceso completo de curación de esta manera:

"Yo a la verdad os bautizo con[a] agua para arrepentimiento, pero el que viene detrás de mí es más poderoso que yo, a quien no soy digno de quitarle las sandalias; Él os bautizará con[b] el Espíritu Santo y con fuego. 12 El bieldo está en su mano y limpiará completamente su era; y recogerá su trigo en el granero, pero quemará la paja en fuego inextinguible". (Mateo 3:11-12).

Citando al profeta Isaías, el evangelio de Lucas revela el boceto del proyecto de transformación de Jesús en nuestros corazones y vidas:

Todo valle (de nuestro pasado) será rellenado (cada mentira eliminada y toda la vergüenza cubierta por la gracia de Dios), y todo monte y collado rebajado (nuestros temores serán nivelados y la confianza establecida); lo torcido (nuestras elecciones pecaminosas) se hará recto (con un vistazo de nuestro destino ante nosotros), y las sendas ásperas se volverán caminos llanos; y toda carne verá la salvación de Dios (Jesús prepara una nueva forma para que renazcamos nuestro verdadero yo, nuestro yo hijo de Dios)». (Lucas 3:5-6 MSG, paréntesis nuestro)

Este es un lugar apropiado para compartir un informe de seguimiento de uno de nuestros clientes, Stacie, después de un retiro de asesoramiento de dos días que transformó su corazón:

Poco después de mi viaje para verlos a todos, visité a mi papá y mi mamá. Mi hija de seis años Kinsey estaba conmigo. Me sorprendió lo difícil que era ir a casa y estar con mis padres. Me sentí vulnerable y un poco enojada. Una tarde, mientras estábamos allí, Kinsey estaba jugando con una sábana vieja en el suelo. La usaba como patines y se deslizaba bailando. Mi papá le dice: "¿Qué estás haciendo? ¿Por qué se estás haciendo eso a esa sábana?"

Ahora, normalmente, iría inmediatamente hacia ella, porque había molestado a mi papá. Sin embargo, miré a mi papá y le dije: "Papá, ella no está haciendo nada malo. Ella solo está haciendo lo que hacen los niños: divertirse". ¿Y sabes lo que me dijo? "Oh, bueno."

¡Eso es todo! ¡Eso es todo lo que dijo! ¡Qué momento tan increíble para mí! ¡Muchas cosas salieron con ese intercambio! En primer lugar, ¡pude defender a Kinsey, lo que también significa que pude defender a esa pequeña niña dentro de mí! En segundo lugar, estoy emocionada de poder reconocer que Kinsey era solo una niña y disfrutaba de la libertad de jugar. Este es un desafío continuo para mí, pero creo que estoy mejorando en eso.

Después de regresar de la casa de mis padres, tuve otra experiencia interesante con Kinsey. Mientras íbamos en el automóvil, tuvimos una conversación sobre comida. A ella no le gusta comer verduras, así que le dije que no comería postre si no las come. Mientras continuaba la conversación, ella comenzó a llorar y me dijo: "Me siento como un huevo podrido. ¡Nadie quiere comerme!"

Guau, eso me llevó de regreso. Inmediatamente, uno de los mensajes de vergüenza que escuché cuando estaba en su lugar volvió a mí: "No hay nada que puedas hacer para que Dios te ame menos, ¡nada, NADA!" Rápidamente, detuve el auto y me estacioné. Salí, fui hacia Kinsey en el asiento trasero y la abracé. ¡Pude decirle que no es un huevo podrido y la elegiría! ¡Me la comería! (¡Qué tonto!, lo sé.) Luego, después de unos minutos más de abrazos, continuamos nuestro camino.

Stacie había compartido previamente con nosotros que durante los momentos en que necesitaba disciplinar a Kinsey (que ya estaba llorando de antemano), una parte de ella solo quería abrazar a Kinsey. Pero sentía que necesitaba golpearla porque era su trabajo enseñarle a su hija sobre el pecado. Ahora está viendo que lo que más necesita enseñarle a Kinsey es sobre el *amor*.

Cómo la Vergüenza Contamina Nuestra Relación con Dios

La vergüenza tóxica exige un precio exorbitante en nuestras vidas. Nos cuesta amor, amistad, aceptación, esperanza y conexión. Lo peor de todo es que nos roba una relación íntima con Dios. La vergüenza nos hace ver al Padre a través de lentes distorsionados y, por lo tanto, nos impide recibir el amor que tiene por nosotros. En lugar de simplemente disfrutar de *estar* con Dios como el alivio que llega de una relación de amor con él, terminamos actuando con el fin de complacerlo y ganar su amor. Luego, cuando finalmente nos estresamos o deprimimos, nos quejamos "Hice todas estas cosas por Dios y no obtuve ninguna recompensa. Debe estar decepcionado conmigo".

La vergüenza nos mantiene encerrados en un ciclo me nt al infructuoso. En nuestro caminar diario con Dios, nos encontramos comparando las bendiciones y los dones de otras personas con los nuestros; su curación con la nuestra; el fruto de su trabajo con el nuestro. Vemos que los demás tienen el favor de Dios, pero nosotros no. Otros obtienen las palabras y la ayuda de Dios que queríamos; ellos experimentan el amor de Dios de maneras más manifiestas que nosotros. Nos sentimos rechazados, abandonados, sin valor, solos, avergonzados y golpeados. El mensaje central nos persigue: *debe haber algo intrínsecamente malo conmigo, que hace que Dios no me escuche, vea, hable, toque o bendiga.*

Un Momento de Reflexión

Al cerrar este capítulo, nos gustaría compartir un poderoso poema que hemos adaptado para su uso en el asesoramiento. Nos acerca el poder de lo que hemos estado describiendo en este capítulo. La cruda verdad en el último verso golpea especialmente fuerte: *la vergüenza destructiva roba nuestra identidad y frustra nuestro destino.*

MI NOMBRE ES LA VERGÜENZA TÓXICA

Estuve allí en tu concepción.
Me sentiste en el fluido del útero de tu madre.
Te encontré antes de que pudieras hablar . . .
Antes de que entendieras,
Antes de que tuvieras alguna forma de saberlo.
Te encontré cuando estabas aprendiendo a caminar.
Cuando estabas desprotegido y expuesto,
Cuando eras vulnerable y necesitado, Antes de que tuvieras límites.
Mi nombre es *Vergüenza tóxica*.

Me encontré contigo antes de que pudieras saber que estaba allí.
Cercené tu alma.
Te atravesé hasta el núcleo.
Te traje sentimientos de ser débil y defectuoso.
Te traje sentimientos de desconfianza, fealdad, estupidez, duda . . .
Sentimientos de inutilidad, inferioridad e indignidad.
Te hice sentir diferente.
Te dije "Hay algo malo contigo".
Ensucié tu divinidad.
Mi nombre es *Vergüenza Tóxica*.

La Vergüenza Y Las Mentiras Que Creemos

Soy la voz interna que susurra palabras de condena.
Yo vivo en secreto.
En la profunda oscuridad de la depresión, la desesperación y la soledad.
Me acerco sigilosamente a ti.
Te pillo desprevenido.
Entro por la puerta de atrás, sin ser invitado, deseado.
Soy el primero en llegar para decirle:
"Nunca estarás a la altura. Nunca pertenecerás."
Mi nombre es *Vergüenza Tóxica*.

Vengo de cuidadores que abandonan, ridiculizan, abusan, descuidan, rechazan e ignoran.
Estoy empoderada por la impactante intensidad de la crítica de un padre.
los comentarios crueles de los hermanos.
La humillación burlona de otros niños.
Tu reflejo incómodo en el espejo,
El contacto que se siente repugnante y aterrador,
La bofetada, el pellizco, el dedo acusador que rompe la confianza.
Te hago sentir desesperanzado
Como si no hubiera salida.
Mi nombre es *Vergüenza Tóxica*.

Mi dolor es tan insoportable que debes pasarme a otros a través del control, la perfección, el desprecio, la crítica, la culpa, la envidia, el juicio, el poder y la ira.
Mi dolor es muy intenso.
Debes cubrirme con máscaras, adicciones,
desempeño, roles rígidos, ira, defensas y religión.
Tergiverso quién eres en lo que haces y tienes.
Asesino tu alma y me pasas por generaciones.
Destruyo tu identidad.
Borro tu destino.
Mi nombre es *Vergüenza Tóxica*.[29]

ORACIÓN

Padre, quiero estar completo. Quiero verme a mí mismo como Tú me ves y amarme a mí mismo como Tú me amas. Señor, si hay alguna vergüenza destructiva y tóxica dentro de mí que obstaculice mi capacidad de hacerlo, te pido que me lo reveles. Pido esto para que finalmente yo pueda caminar con la libertad que tú deseabas para mí cuando enviaste a tu Hijo Jesús para restaurar todas las cosas, incluyéndome a mí.

Quiero estar libre de las mentiras que todavía me afectan e influyen en mi capacidad de amarte a ti y a los demás. Y sé que si revelas este tipo de vergüenza en mí, ya es tu plan finalmente curarme de sus efectos. Por favor, ábrete paso en mí. Muchas gracias por tu amor. Rezo todo esto en el nombre de tu Hijo, Jesús, amén.

PREGUNTAS PARA LA REFLEXIÓN

1. Revisa las preguntas en la sección "Los Rostros de La Vergüenza Tóxica". ¿A qué preguntas respondiste que sí? ¿Relacionaste previamente estos síntomas con la vergüenza tóxica?
2. ¿Cómo describes la diferencia entre vergüenza saludable y vergüenza tóxica?
3. Los mensajes de vergüenza se pueden decir y comunicar en silencio a través de una mirada, un gesto o un ceño fruncido. ¿Qué mensajes de vergüenza recuerdas de tu infancia? ¿Hay algún mensaje que hayas internalizado que no hayamos incluido?
4. En la sección "Las Mentiras Que la Vergüenza Dice", ¿qué enunciados reflejan cómo te sientes o lo que has escuchado? ¿Cómo sería tu vida diferente si esas mentiras fueran silenciadas?
5. ¿Cómo ha afectado la vergüenza tóxica tu relación con Dios?
6. Vuelve a leer el poema "Mi nombre es la Vergüenza Tóxica". ¿Cómo te afectan los rostros de vergüenza que describe? Es posible que desees registrar algunos de tus pensamientos en tu diario.
7. Pídele al Padre que sane tu identidad y restaure tu destino, el destino que él unió en el vientre de tu madre.
8. Ora la oración final desde tu corazón.

CAPÍTULO NUEVE

¡SANTO CIELO!: DE PERDONARSE A SÍ MISMO HASTA LA AUTOACEPTACIÓN

*Cuando invité a Jesús a mi vida, pensé que iba a poner
un fondo de pantalla y colgar algunas fotos.
Pero comenzó a derribar paredes y agregar
habitaciones. Le dije: "esperaba una bonita cabaña".
Pero él dijo: "Estoy haciendo un palacio en el que vivir".
—C. S. Lewis*

*Cuando te perdonas, reescribes tu guión.
Lo que eres en tu escena actual, no está vinculado a
lo que hiciste en una escena anterior. El chico malo que
interpretaste en el Primer Acto es eliminado y actúas
el Segundo Acto como un buen chico.
—Lewis Smedes*

El dolor dice: "Importa"

La pérdida es una parte inevitable de la vida. En un momento u otro, todos lo experimentamos. Nuestras pérdidas pueden obstaculizar nuestro crecimiento y destino, o ayudarnos a avanzar hacia la realización. Para que podamos sanar de nuestras heridas pasadas, debemos ser capaces de llorar por nuestras pérdidas.

Tú puedes preguntar: "¿Por qué debería tener que llorar? Ser sanado debería traer alegría y satisfacción, no tristeza y dolor". Sí, la alegría, la satisfacción y la gratitud son productos finales importantes de la curación, y los experimentarás a veces en el viaje de curación. Pero poder llorar sigue siendo vital.

Dos de nuestros dichos favoritos expresan esta verdad: "Debes hacer el duelo para dejarlo" y "No puedes sanar por completo lo que realmente no puedes sentir". Cuando te permites sentir aflicción o tristeza como resultado de una pérdida, estás asignando valor a esa pérdida. Estás diciendo que importaba.

Los duelos por pérdidas, especialmente las significativas, son normales. Si no lo haces o no lo harás, tendrás dificultades para llegar a un lugar de aceptación y asumir lo que te espera para tu futuro. Tu corazón se verá afectado negativamente.

Por otro lado, el duelo efectivo y piadoso conduce a la aceptación de ti mismo, de los demás y de tu pasado. También te permite liberarte de patrones de relación poco saludables que pueden estar vinculados a un dolor no resuelto.

Yo (Jerry) he tenido dificultades para llorar las pérdidas en mi vida. No fue hasta que cumplí los treinta y seis años que me di cuenta de lo que realmente era la pérdida, y ese duelo no solo estaba bien, sino que era necesario. Aunque había experimentado diferentes pérdidas hasta ese momento, lo que finalmente me ayudó a llorar, fue que Dios me permitió ver el impacto de mis heridas en la primera infancia. No había recibido las cosas que necesitaba; sin embargo, había recibido cosas que no necesitaba; y ambos lados de esa ecuación fueron importantes para mí y también para Dios. Cuando dejé de negar y minimizar mi pasado y permití que ocurriera el dolor, pude *sentir* por fin el impacto de mis pérdidas.

Uno de los desafíos en el duelo pueden ser las heridas mismas. Si aprendes de niño que es mejor no sentir sentimientos desagradables, y si avanzas rápidamente cuando suceden cosas malas, entonces mantienes el mismo patrón a medida que envejeces, a menos que algo intervenga para cambiarlo. En mi caso, ese "algo" fue el Espíritu Santo. Cuando tenía treinta y tres años, él se mudó a mi "casa del corazón" y comenzó a sacar algunas cosas y traer cosas nuevas. Él hizo lo que hace por todos los que confían en él: me dio un *nuevo corazón* (Ezequiel 36:26). Y, al hacerlo, me dejó comenzar a ver y sentir las cosas desde *su* perspectiva. Desde su corazón. Él me mostró que yo importaba y, por lo tanto, lo que me había pasado de niño, también importaba. Y porque le importaba, también debería importarme. Cuando le permití que me mostrara *por qué* importaba — el costo — por fin pude comenzar a llorar.

Comprender el Proceso del Duelo

En su libro clásico *On Death And Dying (Sobre la Muerte y los Moribundos)*,[30] Elisabeth Kubler-Ross identifica cinco etapas distintas del duelo:

- *Negación* ("Esto no me está sucediendo a mí". "No lo puedo creer").
- *Ira* ("¿Por qué me pasa esto a mí?" "Eso no es justo". "Eso estuvo mal").
- *Negociación* ("Prometo ser una mejor persona si _____". "Si solo tú _____, entonces yo haré _____ ")
- *Tristeza* ("Perdí algo de valor". "Duele." "Importa") o *Depresión* ("Ya no me importa". "Ya no puedo luchar contra esto").
- *Aceptación* ("Estoy listo para lo que venga". "Todavía hay más para mí en el futuro").

La pena no es un proceso limpio; puede ser bastante desordenado. Es una bola enredada de emociones: ansiedad, tristeza, confusión, desilusión, culpa, miedo, ira, vacío, negación, impotencia, depresión, apatía, temor y entumecimiento, por nombrar algunos. Podemos entrar y salir de estos sentimientos rápidamente a veces. También podemos quedarnos atrapados en uno de ellos. La pena no es lineal; no avanza ordenadamente de una etapa a la siguiente. En cambio, podemos avanzar y retroceder entre dos o más etapas antes de, finalmente, llegar a la aceptación.

El alcance de nuestro dolor también varía según la magnitud percibida de nuestra pérdida. Por ejemplo, el dolor de perder a un padre anciano probablemente será diferente del de la muerte súbita de un hijo. Además, el tiempo que lleva llorar varía para cada persona; no hay un número mágico como seis meses o un año.

Finalmente, incluso cuando realmente hemos sufrido una pérdida, eso no significa que nunca sentiremos dolor cuando pensemos en esa pérdida en el futuro.

Sin embargo, la intensidad de nuestras emociones será mucho menor y no debería afectar la forma en que funcionamos, como puede suceder durante el duelo temprano e intenso por una pérdida importante.

¿Es Bíblico el Duelo?

El acto de duelo, también llamado luto en la Biblia, aparece de manera prominente tanto en el Antiguo como en el Nuevo Testamento. El Antiguo Testamento hace varias referencias al dolor, tanto de las personas como de Dios. Dios se afligió por el pecado y la rebelión de la humanidad (Génesis 6:6–7; Isaías 63:10). Muchos de los Salmos expresan el lamento del pueblo de Dios (ver los Salmos 13, 42 y 43 como ejemplos).

En el Nuevo Testamento en Marcos 3:5, la NKJV dice que Jesús estaba "entristecido" por la dureza del corazón d e aquellos que se oponían a su curación en el día de reposo. En Lucas 19:41, cuando Jesús se acercaba a Jerusalén, lloró sobre la ciudad, sabiendo el costo en que incurriría su gente por no reconocerlo y responder a él, y a su mensaje de vida. Cuando vio a María y a otros llorando en la tumba de Lázaro, Jesús se "conmovió profundamente" (Juan 11:33); y pocos minutos antes de levantar a Lázaro de entre los muertos, "Jesús lloró" (Juan 11:35).

En Mateo 5:4, Jesús incluyó el tema del luto en las Bienaventuranzas cuando dijo: "Bienaventurados los que lloran, pues ellos serán consolados". Y en Romanos 12:15, Pablo nos exhorta a "Gozaos con los que se gozan y llorad con los que lloran".

Cómo Dios Me Encontró en Mi Dolor: Una Historia Personal

Fue el día después de que yo (Denise) perdiera a nuestro único hijo por un aborto espontáneo, y yo estaba en las primeras etapas del dolor: entumecida, cuestionando a Dios y sin creer lo que acababa de suceder. Sonó el teléfono y lo contesté. En el otro extremo había una mujer, sollozando. Después de varios minutos, me di cuenta de que era mi hermana mayor. Ni siquiera podía hablar, solo lloraba. Y lloré junto con ella.

¡Qué regalo de Dios fue su llamado para mí ese día! En ese momento, mi hermana era el corazón de Dios para mí. Sabes, Dios llora cuando yo lloro. Me encanta eso de Dios. Salmo 56:8 NTV dice: "Tú (Dios) has tomado en cuenta mi vida errante; pon mis lágrimas en tu redoma; ¿acaso no están en tu libro?".

Después de perder al bebé, también recibí otras llamadas alegrándome de que mi hijo estaba en el cielo. Estas personas se regocijaron mientras estaba de luto. Me sentí herida y más sola, incomprendida y juzgada por ellos. Más tarde, tuve que perdonarlos desde el dolor y liberarlos.

Muchas veces, después de perder a nuestro bebé, le pregunté a Dios ¿Por Qué? Era como una niña petulante que repetidamente exigía saber: "¿Por qué? ¿Por qué? ¿Por qué?" Pero realmente no quería entender; quería que Dios cambiara mi esterilidad. Más tarde en mi curación, liberé a Dios de culpa y le pedí que me perdonara. Me mostró que no había ninguna explicación que pudiera darme que pudiera satisfacer mi "¿Por qué?" Entonces aprendí a vivir con el misterio de Dios, y en el camino aprendí aceptación.

Por Qué Es Tan Importante Llorar Las Heridas de La Infancia

Las heridas de duelo sufridas en la infancia pueden parecer menos importantes que llorar la muerte de un ser querido. Pero hacerlo, es esencial para la curación. Cuando oramos con nuestros clientes en esta área, le pedimos a Dios que el dolor sea "ni más ni menos de lo necesario".

El deseo de las personas de experimentar la plenitud de la intervención de Jesús en el proceso de curación, a veces, puede hacer que espiritualicen en exceso lo que ocurre y eviten el duelo necesario. Por ejemplo, alguien que busca la oración de curación interna puede experimentar el Espíritu Santo moviéndose de manera significativa. La persona tiene un encuentro genuino con Jesús, revelándose en medio de un doloroso recuerdo de la infancia. Como resultado, la persona recibe mucha gran cantidad de curación. Uno podría concluir que como resultado del tiempo de oración, la persona ha sido completamente sanada.

Pero cuando se llega a esta conclusión prematuramente y se pasa por alto, el proceso de duelo, la curación profunda, y el fruto de un corazón cambiado, puede no suceder. El duelo se pasa por alto aún más cuando las heridas de la infancia son el resultado de actos de omisión — falta de amor, afecto y orientación — en comparación con actos de comisión como el abuso verbal, físico y sexual.

Durante mi viaje de curación personal, yo (Jerry) experimenté momentos en que Dios "irrumpió" durante la oración de curación. Esos encuentros fueron partes importantes del proceso, y estoy agradecido por ellos, tanto a Dios como a quienes los facilitaron. Pero, conectarme con mi dolor y permitir que llegara el duelo, seguía siendo esencial. Si no lo hubiera hecho, la curación de mi corazón no habría sido tan efectiva.

La Ira Como Indicador

La ira es una emoción importante tanto en el proceso de duelo como en la vida. Sin embargo, a menudo es mal entendida y mal administrada. Muchas personas que están enojadas por dentro pueden negar su enojo o intentar minimizarlo o racionalizarlo. Pero suprimir la ira solo inhibe y retrasa el proceso de curación.

¿Es bíblico expresar ira? Las Escrituras nos advierten contra la ira pecaminosa y destructiva, y abundan en ejemplos de tal ira. Sin embargo, muchos otros lugares en la Biblia, especialmente los Salmos, demuestran ira apropiada (ver, por ejemplo, Salmos 69 y 109). El profeta, Jeremías, expresó abiertamente su ira con Dios (Jeremías 20:7–18). Jesús mostró una gran ira cuando limpió el templo, pero no pecó (Juan 2:13-16). El apóstol Pablo claramente nos dice que estemos enojados, pero que evitemos pecar en nuestra ira (Efesios 4:26).

Si bien, la ira puede volverse destructiva y cobrar vida propia, a menudo sirve simplemente como un indicador de emociones más profundas de dolor, miedo y decepción que están enraizadas en nuestras heridas. Ya sea que esas heridas se produjeran durante la infancia o más adelante en el viaje de la vida, dan como resultado sentimientos de traición, rechazado, abandono, no aceptación, inseguridad o inadecuación. El enojo auténtico es un sentimiento apasionado que nos dice que algo importa, y que estas emociones importan. La ira es, a menudo, lo que nos guía a la fuente de nuestro dolor, donde el Padre desea traer curación.

Dios Nos Encontrará en Nuestro Dolor y Enojo

En varias ocasiones con nuestros clientes, Dios ha revelado su presencia de manera sorprendente. Estábamos trabajando con una mujer que estaba procesando un dolor tremendo por abuso sexual infantil por parte de su padre, así como heridas profundas por parte de otros. En preparación para una sesión en particular, le pedimos que hiciera una lista de personas de su pasado a quienes necesitaba perdonar. Cuando comenzó la sesión, ella comenzó a perdonar a su padre por su abuso. Se enfureció más y más, y su enfoque cambió de su padre terrenal a Dios. Ella le dijo lo enojada que estaba con él por no protegerla o preocuparse por ella.

Cuando la ira de nuestro cliente con Dios fue más intensa, cuando su ira se mezcló con lágrimas, la presencia del Señor entró en la sala. Los tres estábamos abrumados; fue un momento asombroso donde contuvimos la respiración. El Padre vino y derramó su amor compasivo sobre su hija enojada y con el corazón roto, que se derritió instantáneamente ante su presencia. Los tres lloramos cuando ella describió cómo Dios vino, la rodeó con Sus brazos y la sujetó.

Algunos de mis momentos más íntimos (de Jerry) con Dios han ocurrido durante las partes más dolorosas y rotas de mi viaje de curación. A menudo estaba en un lugar de enojo: enojo con los demás y, a veces, enojo con Dios por no haber estado allí para ayudarme. Tener un padre enojado me hizo rechazar la ira por completo. Sin embargo, la ira seguía encontrándose dentro de mí y necesitaba ser tratada, y Dios inició el proceso.

A Dios no le preocupa tanto el enojo en sí, siempre y cuando no nos lastimemos a nosotros mismos ni a otros con él. Está más preocupado por revelar y curar las causas subyacentes de la ira. Debemos invitarlo a nuestro dolor—y nuestra ira—y permitirle que haga lo que mejor sabe hacer: sanar a los quebrantados de corazón y liberar a los cautivos.

El Proceso de Perdón: Evaluar el Costo

El duelo no solo es importante en el procesamiento de la pérdida. También es esencial para el proceso del perdón. Cuando nos afligimos, nos damos cuenta de lo que la pérdida nos costó. En el caso de las heridas infantiles, cosechamos las consecuencias de no recibir lo que necesitábamos o de recibir cosas que nos dañaban.

Perdonar verdaderamente desde nuestros corazones requiere que nos conectemos con el impacto de los pecados que hemos sufrido o que hemos hecho nosotros. Como dice Neil Anderson en *Ministering the Steps to Freedom in Christ*,[31] "Permites que Dios traiga a la superficie las emociones dolorosas que sientes hacia aquellos que te han lastimado". Por esta razón, normalmente no llevaremos a un cliente a perdonar a otros al principio del proceso de curación. Para la mayoría de los clientes, el *deseo* de perdonar ya existe en sus corazones, y Dios lo sabe. Pero hay más en el perdón que simplemente decir que perdonamos. Nuestras palabras de perdón deben rezarse con *sentido del corazón*.

Cuando le preguntamos a un cliente "¿cuánto te costó esta herida?", le pedimos que vea no solo su impacto en él cuando era niño, sino también lo que le ha costado en los años siguientes: Relaciones fallidas. Divorcio. Problemas en el lugar de trabajo. Dificultad para conectarse con Dios. Luchas adictivas. Herir a sus propios hijos. O tal vez, simplemente, no poder vivir la vida como Dios pretendía.

No estamos insinuando que otros sean responsables de las respuestas pecaminosas de las heridas pasadas. Más bien, estamos señalando que esas heridas pueden colocar a una persona en un camino poco saludable que lo inclina hacia un pecado o lucha en particular.

Cuando ayudamos a nuestros clientes a través del proceso de perdón, enfatizamos que Jesús mismo era muy consciente del costo del pecado de otros contra él. Fue desde la cruz y en su dolor más profundo que pronunció las palabras: "Padre, perdónalos, porque no saben lo que hacen" (Lucas 23:34). Si un cliente no puede conectarse emocionalmente con su propio costo, nosotros no necesariamente esperamos para iniciar el trabajo de perdón. Sin embargo, nos damos cuenta de que puede llegar un momento de mayor conexión emocional en el futuro, y el perdón deberá revisarse.

Cuando guiamos a un cliente a través del perdón, le pedimos que verbalice, nombrando a la persona que está siendo perdonada, su pecado y su impacto, por lo tanto: "Te perdono,_____, por_____. Me hizo sentir_____". Le pedimos al cliente que sea lo más específico posible en lugar de ofrecer un tipo de perdón genérico. Por ejemplo, un cliente podría decir algo como: "Te perdono, papá, por estar fuera todo el tiempo y no estar allí cuando era pequeño. Esto me hizo sentir no deseado, no valorado, rechazado, no especial . . ." También podríamos pedirle a la persona que agregue: "Desde este lugar, elijo perdonarte y te libero".

Ten en cuenta que el proceso de perdón que hemos compartido aquí, es un acto realizado entre el cliente y Dios. Nosotros somos simplemente facilitadores.

Perdonarse a Sí Mismo: Una Clave para Amar y Perdonar a Los Demás

La necesidad de perdonarse a sí mismo y la autoaceptación que sigue, a menudo es más poderosa que la necesidad de perdonar a los demás. Sin embargo, a menudo se desliza por debajo del radar de nuestra autoconciencia.

La base de este libro es que, para amar verdaderamente a los demás, debo ser capaz y estar dispuesto a amarme a mí mismo. Perdonarse a uno mismo es similar. Si quiero perdonar a los demás, entonces debo ser capaz y estar dispuesto a perdonarme a mí mismo. Jesús dijo: "Amarás a tu prójimo como a ti mismo" (Marcos 12:31 MSG). Si no me amo a mí mismo, sino que soy duro conmigo mismo, es como volver a redactar lo que Jesús dijo leyéndose: "Sé tan duro con los demás como lo eres contigo mismo". O: "Odia a los demás como te odias a ti mismo". O: "No muestres gracia a los demás sino te muestras gracia a ti mismo".

Es asombroso lo duro que la gente es consigo misma. A menudo le preguntaremos a un cliente: "Si sintieras odio o aversión por otra persona ¿sería un problema para ti?" Por lo general, la respuesta es: "Por supuesto.

Me sentiría mal por eso, y trabajaría para perdonar a esa persona y lidiar con cualquier resentimiento que sintiera hacia ellos". Nuestra siguiente pregunta es: "¿Por qué te tratas de manera diferente? ¿Ve Dios tu odio hacia los demás como inaceptable, pero tu autodesprecio como aceptable?"

Podrías estar pensando: "Está bien, entiendo el punto". Pero, de alguna manera, realmente *no* lo entendemos. La forma en que nos vemos y sentimos acerca de nosotros mismos, es mucho más que un problema emocional: es espiritual. E interferirá con nuestra capacidad de amar a Dios y vivir en libertad.

Brennan Manning, en su libro, *La firma de Jesús*, habló de su propia necesidad de autoaceptación. Estaba en ruta de Florida a Iowa cuando su avión se desvió a Kansas City debido al mal tiempo. Esto es lo que compartió:

> Estaba deambulando por la terminal con mi collar clerical, cuando un hombre se me acercó y me preguntó si podía hacer su confesión. Nos sentamos en la relativa privacidad de la sala Delta Crown y él comenzó. Su vida había estado marcada por un pecado grave. A mitad de camino, comenzó a llorar. Al abrazarlo, me encontré llorando, asegurándole la alegría en el reino por el regreso de un pecador arrepentido y recordándole que el Hijo Pródigo experimentó una intimidad con su padre, que su hermano sin pecado y sincero nunca conoció.
>
> La cara del hombre estaba transfigurada. El amor misericordioso del Dios resucitado rompió su culpa y odio a sí mismo. Recé una oración de acción de gracias por el insoportable perdón, la paciencia infinita y el tierno amor del Señor. El hombre lloró de alegría. Cuando nos separamos, él brilló con el resplandor de un pecador salvado.
>
> Mientras me abrochaba el cinturón de seguridad en el DC-10, escuché una voz interior como una campana sonando en lo profundo de mi alma: *Brennan, ¿harías por ti mismo lo que acabas de hacer por tu hermano? ¿Te perdonarías, te aceptarías y te amarías con tanto entusiasmo e ilusión?*[32]

En su libro *Perdón total*, R.T. Kendall afirma que "la gracia no es gracia si tenemos que ser lo suficientemente buenos para que se aplique a nosotros". Esto es lo que comparte con respecto al perdón de sí mismo:

¡Santo Cielo!: De Perdonarse A Sí Mismo Hasta La Autoaceptación

Moisés tuvo un pasado. Fue un asesino. (Véase Éxodo 2:11-12.) Pero años después proclamaría el octavo mandamiento: "No matarás" (Éxodo. 20:13) David tenía un pasado, pero también tuvo un futuro después de su vergüenza: "Entonces enseñaré a los transgresores tus maneras, y los pecadores se volverán a ti", escribió (Ps. 16:13) Jonás huyó deliberadamente de Dios, pero todavía lo usaban en un asombroso renacimiento (Jon. 3). La desgracia de Pedro, negar a Jesús, no abortó los planes de Dios para él. Pero todos estos hombres tuvieron que perdonarse a sí mismos antes de poder mudarse al ministerio que Dios había planeado para ellos.[33]

A medida que ayudamos a nuestros clientes a conectarse con sus heridas de la infancia y extender el perdón según sea necesario, a menudo tienen que lidiar con sus propias respuestas pecaminosas a las heridas que recibieron. Con frecuencia, se dan cuenta más claramente dónde han herido a sus propios hijos. En algunos casos, pueden ser guiados a acudir a sus hijos (que a menudo ahora son adultos), reconocer lo que les duele y pedirles perdón. Para hacer esto desde el corazón, los clientes deben poder saber, realmente saber, que ellos mismos han sido perdonados por Dios y que son totalmente aceptados por él; y deben haberse perdonado verdaderamente a ellos mismos también. Si todavía se está trabajando en el perdón y no se ha establecido en el corazón de un cliente, generalmente es mejor esperar un poco más antes de buscar el perdón de los demás. De lo contrario, el perdón que una persona busca de los demás puede, sin saberlo, ser egoísta, motivado por un deseo de sentir más perdón para sí mismo.

Cuando podamos sentir el impacto del pecado, no sólo lo que se ha hecho contra nosotros, sino también lo que nosotros mismos hemos hecho o no hemos podido hacer, entonces también podremos sentir algo del dolor de Dios. Experimentamos lo que Pablo se refirió como un "arrepentimiento que conduce a la salvación [cambio que da vida]" (2 Corintios 7:10). Al permitir que el Padre nos lleve a través de este proceso, siempre recordando quiénes somos en él, finalmente llegaremos a un lugar de autoaceptación.

Sin embargo, si la vergüenza tóxica y el autodesprecio mantienen un fuerte control sobre nosotros, no llegaremos a la autoaceptación; en cambio, terminaremos atrapados en una tristeza impía y mundana que conduce a la muerte (2 Corintios 7:10). Así que, hacemos bien en recordar cuál es el propósito principal de Dios cuando tratamos el tema de amar, perdonar y aceptarnos a nosotros mismos: Él desea más de nuestros corazones. Él quiere que nuestros corazones estén disponibles para recibir su amor y para amarlo a Él recíprocamente, y luego poder amar a los demás. Si algo nos lleva en la dirección opuesta, entonces debemos detenernos y pedirle a Dios que nos redirija a lo que realmente proviene de él y que finalmente trae vida.

Una Oración por El Perdón de Uno Mismo

Si te resulta difícil perdonar, liberar y abrazarte por completo como Dios lo hace, intenta rezar la siguiente oración:

> *Señor, te agradezco que soy tan especial para ti y que me perdones libremente y elijas no recordar más mis pecados o las formas en que dejo de amar como tú amas. A medida que me extiendes misericordia libremente, también elijo aplicarme esta misma misericordia. Elijo perdonarme a mí mismo y no juzgarme o despreciarme. Elijo liberarme igual que tú me liberas. Ayúdame a creer y decir la verdad sobre mí que has dicho y confirmado en tu Palabra. Elijo abrazarme a mí mismo como tú me abrazas a mí. Gracias por este regalo que viene de tu corazón. Amén.*

Aceptarte de La Manera en Que Dios Te Acepta

A medida que tomamos todo lo que nos ha sucedido, lamentamos su impacto y avanzamos en el proceso de perdonar a los demás y a nosotros mismos, nos preparamos para lograr el paso final: la aceptación. Pero en el caso de aprender a amarnos a nosotros mismos, no sólo tenemos que llegar al lugar de aceptar lo que nos ha sucedido, también tenemos que llegar al lugar de aceptarnos a nosotros mismos. Sin alcanzar este paso final, permanecemos en un conflicto emocional y espiritual, porque no estamos de acuerdo con lo que Dios dice acerca de nosotros.

James Bryan Smith, autor de *Abrazando el amor de Dios,* describe la autoaceptación de esta manera:

Dios ha elegido aceptar lo que consideramos inaceptable. Las partes de nosotros que nos causan vergüenza, no avergüenzan a Dios. Aquí está la Buena Noticia. Noticia: incluso si nos sentimos condenados por nuestros propios corazones, Dios es más grande que nuestros corazones...

La aceptación de Dios debería llevarnos a la autoaceptación. La Gracia cura nuestra vergüenza, no al tratar de encontrar algo bueno y encantador dentro de nosotros que valga la pena amar, sino al mirarnos como somos; lo bueno y lo malo, lo encantador y lo desagradable, y simplemente aceptarnos. Dios nos acepta con la promesa de que nunca seremos inaceptables para él. Ahora debemos hacer lo mismo por nosotros mismos.[34]

Juan, el apóstol, nos anima con estas palabras:

Hijos, no amemos de palabra ni de lengua, sino de hecho y en verdad. En esto sabremos que somos de la verdad, y aseguraremos nuestros corazones delante de Él en cualquier cosa en que nuestro corazón nos condene; porque Dios es mayor que nuestro corazón y sabe todas las cosas. Amados, si nuestro corazón no nos condena, confianza tenemos delante de Dios; [que incluye aceptarnos a nosotros mismos] (1 Juan 3:18–21 MSG, énfasis agregado).

En su libro *Tratado Sobre el Amor a Dios,* San Bernardo de Claraval describe la madurez cristiana como el escenario donde "nos amamos por el amor de Dios".[35] Esto significa que si Dios dice que somos una joya en su corona, lo somos. Si Dios dice que somos la luz de sus ojos, lo somos. Si Dios dice que somos amados, encantadores y amables, lo somos. Si Dios nos llama su amado, ¿adivina qué? Lo somos. Aceptarnos honra a Dios y lo pone de nuevo en el trono, el Rey omnisciente, omnipotente, justo y apasionado.

Una carta para el niño interior

Querido joven Conner,

Quiero que sepas que no eres una decepción y que no necesitas un cambio, que eres aceptable en este momento tal como eres. Vi una foto tuya en el ojo de mi corazón el otro día. Vi un montón de barro y basura, y supe que estabas debajo, esperando a ser rescatado. Joven Conner, quiero que sepas que voy a sacarte; voy a encontrarte y el Señor te hará libre. No me avergüenzo de ti y no me avergüenzo de en quién te has convertido. El Padre nos dirá quiénes somos y caminaremos libres. Serás un esposo aún mejor, un padre maravilloso y un amante de Dios. Solo espera, verás, porque Dios ha prometido nunca hacerte nada más que el bien, incluso cuando las circunstancias parezcan agitadas.

Ya no tengo miedo de decir que te amo y tengo confianza para decirte que lo lograremos. Estoy orgulloso de ti y de en quién te has convertido. Y estoy empezando a entender quién soy en Cristo y en Dios.

El Conner adulto

Una Declaración de Autoaceptación

Te invitamos a aceptar la siguiente declaración de quién eres. Léelo en voz alta y recuerda que lo que estás leyendo está totalmente de acuerdo con lo que Dios dice acerca de ti.

Yo soy yo. Estoy hecho a imagen de Dios, un poco más abajo que los ángeles. Soy único. En todo el mundo no hay nadie exactamente como yo. Esto significa que soy importante para Dios.

Puedo aceptarme a mí mismo, porque Dios me acepta. Puedo amarme a mí mismo, porque Dios me ama. Sé que importo, porque Dios envió a su Hijo, Jesucristo, y a través de él me dio la oportunidad de vivir en abundancia y eternamente.

No tengo que ser perfecto para ser amado, porque Dios me ama como soy, imperfecto. Esto significa que soy importante, incluso cuando tengo bordes ásperos en mi vida y cuando cometo errores, incluso los más grandes. Puedo fallar. Puedo tropezar. Dios todavía dice: "¡Te amo!" No debo tener todo en el orden correcto o tener todo limpio para que Dios me acepte. Y al saber esto, puedo vivir conmigo mismo. Tengo la esperanza de poder llevar todo lo que soy y todo lo que tengo a Dios, lo bueno y lo malo, y él seguirá ayudándome a ser cada vez más semejante a su imagen.

Puedo ser totalmente honesto. Puedo ser el hijo de Dios. Espero con interés los planes que tiene para mí. Con su ayuda y orientación, me convertiré en un reflejo de su amor y aceptación hacia mí y los demás.

Así que, acepto el hecho de que soy importante, soy valioso y valgo la pena. Tengo un valor eterno. Me amo y me gusto a mí mismo, en cada parte, porque elijo amar a quien él ama, y ese soy yo.

Una Última Reflexión: Aumentar para Reducir

A medida que el niño herido más pequeño dentro de nosotros aumenta y es reconocido, amado, perdonado y aceptado, también el niño adulto, ahora, puede ser unificado y amado por nosotros. Como resultado, nuestra verdadera identidad dada por Dios puede surgir. Y cuando esto sucede, algo muy interesante comienza a suceder: nuestro yo adulto, que ahora tiene un yo para dar, puede elegir *disminuir* — preferir y bendecir a otros, y dar nuestra vida por los demás. En otras palabras, la presencia de Dios fluye, de hecho, se desborda libremente de nosotros. Amamos más. Amamos a Dios, nos amamos a nosotros mismos y amamos a los demás, el objetivo final.

ORACIÓN

Señor Jesús, quiero poder llorar lo que también ha lastimado tu corazón. Quiero poder vivir desde un corazón que esté conectado contigo y con la vida, y no simplemente pasar por alto cosas de mi pasado que han sido difíciles y dolorosas. No me diseñaste para poder acumular pérdidas, ya sean pérdidas infantiles o pérdidas como adulto. Deseas que yo sienta lo que sientes y que supere mis pérdidas en lugar de esquivarlas. Necesito tu ayuda para hacer esto. Necesito saber que estarás conmigo, ya que te permito que me ayudes a "sentir dolor por dejarlo".

También necesito tu ayuda para perdonar a los demás y a mí mismo, y llegar a un lugar de aceptación, no resignación, sino verdadera aceptación. Señor, ayúdame a aceptarme como tú me aceptas. Ayúdame a amar de verdad lo que amas — yo. En tu nombre, amén.

PREGUNTAS PARA LA REFLEXIÓN

1. Cuando eras niño, ¿qué hacías con los sentimientos desagradables cuando sucedían cosas malas? ¿Cómo procesas el daño y la pérdida hoy? ¿Ha cambiado el patrón?
2. En el proceso del perdón, creemos que es importante pedirle al Espíritu Santo que busque nuestro corazón, en lugar de buscarlo nosotros mismos. Esto nos permite evitar ser duros con nosotros mismos y despreciarnos. Cuando estés listo para atravesar el perdón, usa el formato de la sección "El proceso del Perdón".
3. Si quieres perdonar, aceptar y amar a los demás, debes estar dispuesto a perdonarte, aceptarte y amarte a ti mismo. ¿Qué es más difícil para ti? Tómate unos momentos y reza la "Oración Por el Perdón de Uno Mismo". Incluso si tienes que rezarla varias veces para que su verdad se hunda, da un primer paso hoy, para reconocer que quieres estar de acuerdo con Dios y renunciar a ti mismo.
4. Escribe una carta de aceptación al niño dentro tuyo. Incluye lo que has estado aprendiendo, y cómo ves y te sientes acerca de esta parte tuya.
5. Vuelve a leer la oración de cierre. Imagina y cree que el Padre está de pie junto a ti, con su brazo a tu alrededor, asociándose contigo para sanar tu corazón.

CAPÍTULO DIEZ

GRACIA INCREÍBLE: LAS BUENAS NOTICIAS DEMASIADO BUENAS PARA SER VERDAD

Usé toda mi energía tratando de superar al idiota que sé que soy en mi interior.
—Un joven luchando contra el odio a sí mismo.

En nuestra profesión, el tema de la gracia surge una y otra vez. Nos ha resultado abrumadoramente obvio que muchos creyentes verdaderos que aman a Dios, o no entienden el verdadero significado de la gracia o, contrariamente, se han descalificado personalmente para recibirla. De cualquier manera, no logran experimentar la realidad del evangelio: las buenas noticias demasiado buenas para ser verdaderas, que llegaron cuando Jesús llegó a nuestras vidas.

Lo Que la Gracia Realmente Significa

Examinemos esta palabra "gracia" más de cerca. Según el *Nelson's Bible Dictionary*, la gracia se refiere a "un favor o amabilidad que se muestra sin consideración o mérito de quien lo recibe, y a pesar de lo que esa misma persona merece".[36] Piensa en las veces que has otorgado gracia a un cónyuge, familiar, amigo o compañero de trabajo, y esa persona no hizo nada para ganárselo. De hecho, el acto mismo de tu gracia extendida implica que no fue merecido.

La palabra griega para gracia en el Nuevo Testamento es caris. De acuerdo con el ine's *Expository Dictionary of Biblical Words (Diccionario Expositivo de Palabras Bíblicas de Vine)*, la gracia es "la disposición amistosa de la cual procede el acto amable, con gracia, bondad amorosa, buena voluntad, especialmente con referencia al favor divino [de Dios]".[37] Dios nos ofrece la gracia como un regalo a través de su Hijo, Jesús, a quien se describe como "lleno de gracia" (Juan 1:14). La gracia no depende de nada que podamos hacer para ganarla, ni de nada que podamos hacer para perderla (Efesios 2:8–9). Es un regalo gratuito, universal y espontáneo, y produce una sensación o sentimiento de placer, alegría y gratitud en quien lo recibe. ¿Cuándo fue la última vez que realmente sentiste alegría como resultado de la bondad y el favor del Padre hacia ti? ¿Cuándo fue la última vez que ese placer o gratitud simplemente surgió en tu corazón como resultado de la gracia del Padre que fluía hacia ti? Si fue recientemente y sucede con frecuencia, eso es genial, pero si no, sigue leyendo.

Uno de nuestros clientes compartió un ejemplo perfecto de este regalo gratuito y espontáneo. Ella había estado lidiando con su hija de diecisiete años para que siga las pautas establecidas para usar su automóvil. Una era que la hija necesitaba estar en casa a cierta hora durante la semana cuando tuviera clases en la escuela. Si violaba esta regla, no se le permitiría conducir a la escuela al día siguiente.

Naturalmente, la hija llegó tarde, y a la mañana siguiente su madre le prohibió usar su automóvil para ir a la escuela o cualquier otra cosa ese día. Su hija estaba molesta con su madre y continuaba enfadada e insistiendo. Pero su madre permaneció firme en las condiciones, recordándole a su hija que esta consecuencia se le había comunicado claramente y, por lo tanto, había sido su propia elección.

Entonces, la mujer escuchó al Señor hablarle a su corazón: "Dale las llaves y deja que tome su auto. Esta vez extiende l a gracia. Después de reflexionar sobre esto durante unos minutos, se acercó a su hija y le entregó las llaves. Su hija inmediatamente se echó a llorar. Este don gratuito de gracia, aun cuando no lo merecía, penetró profundamente en el corazón de la joven. En esta situación en particular, lo mejor que se puede hacer (imponer un límite apropiado) se ve superado por lo mejor que se puede hacer, es decir, enseñar a la hija sobre la gracia. También enfatizó la importancia de confiar en Dios y confiar en que podemos escuchar de su corazón, en lugar de simplemente confiar en el plan predeterminado. El Señor usó esta situación para llevar a nuestro cliente y a su hija más allá en su corazón de gracia.

Soy una Nueva Creación

La raíz de la de la palabra *transformación* proviene de la palabra griega *metamorphoo*, que significa "cambiar de adentro hacia afuera". Aquí es donde obtenemos la palabra *metamorfosis*.

En la naturaleza, Dios nos ha mostrado un profundo ejemplo de transformación y metamorfosis en el ciclo de vida de la mariposa. La mariposa comienza como una oruga que se arrastra. Pero en algún momento, se aisla en una ubicación segura, se queda muy quieta y se teje así misma una pupa o capullo. Luego, en este lugar de escondite, la vieja forma de la oruga muere y se licua. Todo lo que ha sido y conocido se disuelve. Lo que una vez fue, ya no existe. La misma sustancia química existe, pero no en la misma forma; se está reformando en secreto, y la criatura que finalmente sale de la pupa, no se parece en nada a lo que alguna vez fue. El desorden líquido se ha transformado en una hermosa mariposa que no se ve ni actúa como su naturaleza anterior de oruga. Ya no se arrastra ¡vuela!

Ahora, si Dios se sentó con la oruga y dijo: "Te he hecho para que seas una mariposa, te he creado para volar", la oruga podría decir: "Pero, mírame. Así es como soy. Podría esforzarme más para ser una mejor oruga y aprender a arrastrarme más rápido. ¿Pero que me crezcan alas y vuele? ¡No creo!" Volar para una oruga no viene a través de un mayor esfuerzo. Viene a través de la transformación.

¡Ese es exactamente el asombroso milagro que ocurre cuando nos convertimos en nuevas criaturas en Cristo! Dios no se detiene simplemente para salvarnos del juicio; *nos transforma* en algo que no éramos antes. Nos transforma y crea en nosotros una nueva naturaleza e identidad, capaces de cumplir el destino que nos ha tejido. El Padre anhela convertir nuestro "viejo desastre" en su gloria. Quiere atraernos a un lugar seguro, donde sepamos que él es Dios nuestro Padre, que nos transformará, ¡ya no para arrastrarnos, sino para volar!

Continuando con la analogía de las mariposas, nos gusta cómo James Bryan Smith se dirige a nosotros como una nueva creación en su libro *The Good and Beautiful God*:

> . . . [La oruga, un gusano], entra en un capullo, una crisálida, en la cual la palabra raíz, apropiadamente, es "Cristo". Y emerge una mariposa, completamente transformada. Lo viejo ha pasado. Lo nuevo ha llegado. Una vez fue abatida por la gravedad; ahora puede volar. Los cristianos estuvimos una vez bajo el reino del pecado, pero ahora podemos vivir en libertad.
>
> ¿Y además puedes ver por qué es tan doloroso para mí que tantos cristianos no entiendan esto? Cuando escucho a un cristiano decir: "Solo soy un pecador salvado por gracia", quiero decir: "Eso tiene tanto sentido como una mariposa que dice: 'Solo soy un gusano con alas'".[38]

La conclusión es esto: *como creyentes en Cristo, no estamos definidos por nuestro pecado o nuestra lucha.*

Sí, luchamos y pecamos, pero nuestra identidad central, quiénes somos realmente, se ha transformado. *No somos pecadores que han sido perdonados* (¡con lo importante que es el perdón de Dios!), *sino amantes de Dios que tienen una naturaleza buena y redimida*. Y si nuestra verdadera identidad ha sido redimida, entonces nuestro corazón no es pecaminoso, sino justo.

Nuestro corazón es bueno.

Si no internalizamos esta verdad, siempre nos enfocaremos en mejorar y pecar menos, en lugar de descansar en el amor del Padre Dios y permitir que su bondad nos lleve al cambio (Romanos 2:4).

Nuestra identidad central ahora es justa — una santa, una mariposa — sin importar qué haga o no haga. Y esta verdadera identidad no se basa en nosotros mismos, sino en poner nuestra fe en Cristo y en lo que él ha logrado a través de su muerte y resurrección (Romanos 4:24, Filipenses 3:9). Quienes somos realmente, nuestra identidad y nuestra posición en relación con Dios, ha cambiado.

Al igual que la oruga, debemos permitir que Dios nos transforme de adentro hacia afuera para ser realmente quienes fuimos creados para ser.

Entonces podemos decir, desde el corazón, "¡Soy yo y estoy muy bien! Fui hecho para volar."

Servidumbre a La Filiación

Muchos de nosotros los cristianos vivimos en una relación maestro-sirviente con Dios, una relación de "solo dime qué hacer y lo haré".

Podrías pensar: "Eso es lo que quiero, que Dios me diga qué hacer". ¿Pero eso funcionaría entre tú y tu cónyuge o mejor amigo? No hay muchas señales cálidas en ese tipo de relación ¿verdad?

Si Dios es tu padre y tú eres su hijo, ¿cuánto más gratificante y significativo sería una relación en la que te invitó a caminar y asociarte con él, en lugar de solo darte órdenes? ¿No se sentirías mucho más cerca que un maestro?

Veamos un día en la vida de un sirviente versus un hijo, y veamos cuáles son las diferencias:

El sirviente es aceptado y apreciado sobre la base de *lo que hace*, el hijo sobre la base de *quién es*.

El criado comienza el día *ansioso y preocupado*, preguntándose si su trabajo realmente complacerá a su amo. El hijo *descansa en el amor seguro* de su familia.

El sirviente es aceptado por su *mano de obra*, el hijo o hija por una *relación*.

El sirviente es aceptado debido a su *productividad y desempeño*. El hijo pertenece debido a su *posición como persona*.

Al final del día, el sirviente tiene paz mental solo si está seguro de haber demostrado *que su trabajo valió la pena*. *A la mañana siguiente, su ansiedad comienza de nuevo*. El niño puede estar *seguro todo el día y saber que mañana no cambiará su estado*.

Cuando un sirviente *falla, toda su posición está en juego*; podría perder su trabajo. Cuando un hijo falla, se entristecerá porque ha herido a sus padres, y será corregido y disciplinado. Pero *no tiene miedo de ser expulsado. Su confianza básica está en pertenecer y ser amado, y su desempeño no cambia la estabilidad de su posición*.[39]

Nuestro desafío, entonces, es elegir diariamente si operaremos como sirvientes o si nos detendremos y diremos: "Padre, soy tu hijo y elijo vivir y sentirme como tu hijo". Cuando elegimos la filiación, el milagro de la gracia se actualiza en nuestro corazón de la manera que Dios pretendía. Esta gracia es su regalo para nosotros, sin tener en cuenta nuestro mérito. ¡La gracia es una noticia demasiado buena para ser verdad!

La Alegría y La Pena de Descubrir La Gracia

Lois, una mujer de cuarenta y cinco años, había sido cristiana por más de veinte años. Ella vino a nosotros luchando con la depresión y una imagen terrible de sí misma. Cuando experimentó un conflicto, particularmente con su esposo, se culpó a sí misma. A veces, se lastimaba físicamente a sí misma por odio y rabia.

Como cristiana comprometida durante la mayor parte de su vida adulta, Lois participó en grupos de estudio bíblico y asistió a conferencias sobre curación personal y sobre el crecimiento de la intimidad con Dios. Lo mejor que pudo, puso a Dios primero en su vida.

Sin embargo, a lo largo de todos sus años de seguir a Dios, Lois tuvo un problema fundamental: no conocía el verdadero corazón del Padre y la gracia que él le ofrece. Por supuesto, ella sabía que sólo por gracia había sido salvada, no por su propio esfuerzo (Efesios 2:8). Sin embargo, esta verdad existía principalmente en su mente, no en su corazón. Además, parecía más aplicable a una persona que venía a Cristo, que a alguien que lo había seguido durante muchos años. Al igual que muchos otros cristianos, Lois no entendió el evangelio real, demasiado bueno para ser verdad, por lo que, por supuesto, no lo estaba viviendo. Pero en el curso del trabajo que el Padre hizo con Lois, ella experimentó una revelación sincera de su gracia. Y ahí fue cuando todo comenzó a cambiar.

El viaje de Lois hacia a la gracia no fue simple. Primero, tuvo que ver las mentiras centrales que desalinearon su corazón y sus comportamientos desde el corazón de Dios. Tenía que recurrir a su gracia para tocar las heridas de la infancia que habían contribuido significativamente a su imagen distorsionada de Dios, el Evangelio y ella misma. Lois tuvo que llorar. Ella tuvo que perdonar. Tenía que comenzar el proceso de sacar a la luz la verdad y rechazar las mentiras, y tenía que lidiar con la vergüenza destructiva y tóxica.

Pero cuando ella se asoció con Dios y caminó con él a estos lugares, él comenzó a revelarle su verdadera belleza y le permitió ver lo hermosa que era para él.

Hay una parte buena, realmente maravillosa, de la historia de Lois de encontrar la gracia. Pero también hay una parte triste. Lo bueno es la libertad que Lois está comenzando a experimentar en su relación con Dios. Su intimidad con él ahora es tremenda en comparación con el pasado. Lo malo es que ella ha vivido la mayor parte de su experiencia cristiana sin esta libertad e intimidad.

Aunque Lois está eufórica con su nueva relación como una seguidora llena de gracia de Cristo, todavía tuvo que llorar la pérdida de vivir tantos años sin esta libertad. Ella también ha comenzado a experimentar el dolor del Padre por sus muchos hijos que realmente no conocen su corazón. Muchos cristianos entregados a Dios, incluidos los líderes, viven alguna vez como Lois.

Eres fiel

Yo (Jerry) desearía haber internalizado este mensaje de gracia al principio de mi andar cristiano. Sin embargo, sé que todo lo que he experimentado, incluidas las partes más difíciles de mi viaje, ha sido y seguirá siendo utilizado por Dios.

Pensando en los tiempos en que luchaba con el odio hacia mí mismo y me sentía terriblemente inadecuado, recuerdo claramente cómo el Padre *nunca* estuvo de acuerdo conmigo. Cuando recibí el ministerio de oración individual en las conferencias, escuché el mismo mensaje hablado sobre mí, una y otra vez: "Dios te llama fiel".

Viniendo de tantas personas diferentes, esas palabras invariablemente indujeron la misma respuesta emocional: ¡fracasado! Emitidas del amor insondable del Padre y el corazón lleno de gracia, las profecías golpean directamente el núcleo de mi vergüenza y mentiras. Fue aquí donde existió la guerra, y la batalla finalmente se ganó.

Y no debería haberme sorprendido de que Jesús me llamara fiel. A menudo en la Biblia, llamaba a sus seguidores por nombres que no parecían encajar. Por ejemplo, llamó a Pedro "La Roca", en un momento en que Pedro era cualquier cosa menos fuerte y estable. Jesús conoce nuestros corazones y nos define por lo que ve y sabe, y no por cualquier otra cosa.

Agradar a Dios Versus Confiar en Dios

En un excelente libro titulado *The Cure: What If God Isn't Who You Think He Is and Neither Are You (La Cura: Y Si Dios No Es Quien Crees Que Es y Tampoco Tú)*,[40] los autores identifican dos caminos que representan dos formas muy diferentes de vivir. Uno, está marcado como "Agradar a Dios"; el otro, "Confiar en Dios". Debes elegir qué camino recorrerás.

Digamos que decides tomar el camino que lleva a "Agradar a Dios", esperando que si viajas por él, finalmente terminarás en un lugar donde Dios está satisfecho contigo. Mientras caminas por este camino, llegas a una habitación, y en su puerta hay una señal que dice: "Esforzándome por ser todo lo que Dios quiere que sea". Al girar un picaporte de la puerta con la etiqueta "Esfuerzo personal", abre la puerta y entra en la "Habitación de las Buenas Intenciones".

¿No te parece el destino que quieres? Anhelas complacer a Dios. Ciertamente es digno de perseguirlo de esta manera. Entonces, "Dios complaciente" debe ser el camino que deseas recorrer ¿verdad?

Pero si agradar a Dios es tu motivo principal, finalmente te encontrarás trabajando en pecar menos y ser más bueno para lograr una relación íntima con Dios. Y si aún no te has dado cuenta, cuando intentas pecar menos ¡pecas más! Además, cuando intentas ser bueno y hacer cosas buenas para Dios, siempre hay más cosas buenas que hacer. Recorrer el camino del "Dios agradable" te envolverá en desempeño. Aquí aprenderás:

> A utilizar una máscara. Y en el proceso de presentación y uso de máscaras, te cansarás cada vez más. Pero no te atreverás a admitirlo, porque la "Habitación de las buenas intenciones" no es un lugar seguro para expresar debilidad y vulnerabilidad. En esta sala, tu relación con Dios depende de tu habilidad y fortaleza.

Agradar a Dios sin Confiar en Dios

¿Es posible agradar a Dios pero no confiar realmente en él? Ciertamente puedes intentarlo. ¿Alguna vez has querido hacer bien a un jefe y complacerlo con tu actuación? ¿Fue por cuánto confiabas en él, sabiendo que él tenía tus mejores intereses en el fondo? Quizá. Pero también sentiste que si no lo complacías, sufrirías algún tipo de consecuencia negativa. Por lo tanto, la verdadera razón de tus acciones podría haberse originado en el miedo a tu jefe.

Digamos, sin embargo, que no temías el poder de tu jefe sobre ti. Lo que realmente necesitabas era su aprobación y su afirmación. ¿Cuál sería tu motivación en esta situación? ¿Cómo sabrías cuándo fue suficiente?

Apliquemos este principio a tu relación con Dios. Y supongamos que tu corazón realmente desea servir y agradar a Dios. ¿Cómo sabes cuándo está satisfecho contigo? ¿Pasa por cuántas veces has leído tu Biblia o rezado ese día o semana? ¿Cuánto diste a los pobres o serviste en tu iglesia? ¿Qué tan bien has evitado los pensamientos, palabras o acciones pecaminosas? ¿Qué criterios utilizas y cuál es el estándar que buscas alcanzar?

¿Y qué pasa si de alguna manera determinas que todos tus esfuerzos realmente complacen a Dios? ¿Eso significa que confías en él? Según nuestro ejemplo de complacer al jefe, la respuesta obviamente es no.

Confiar en Dios Agrada a Dios

Nos gusta cómo se lee Hebreos 11:6 en *El Mensaje*:

> Y sin fe es imposible agradar a Dios; porque es necesario que el que se acerca a Dios crea que Él existe, y que es remunerador de los que le buscan.

La palabra griega usada para fe, pistis (en la versión original en inglés), se traduciría mejor como *confianza*. Por lo tanto, es imposible agradar a Dios sin confiar en Dios.

Y si confías en Dios, crees que él existe y que él es quien dice ser. También crees que se preocupa lo suficiente como para responder a quienes lo buscan, que es confiable. Ya no basas tus acciones en quién eres y qué puedes hacer, sino en quién es Dios y qué puede hacer.

Un Lugar de Gracia

Como describen los autores de *The Cure (La Cura)*, hay disponible otro camino con una habitación diferente.[41] Es el camino de "confiar en Dios", y conduce a la "Habitación de la Gracia". Aquí, el letrero en la puerta dice: "Vivir De Quien Dios Dice Que Soy" y el picaporte de la puerta es "Humildad". Al cruzar la puerta, ingresas a un lugar donde tu relación con Dios no depende de tu capacidad de hacer el bien o no hacer el mal, sino de tu confianza en Dios y del trabajo que está haciendo en ti. En la "Habitación de la Gracia", te encuentras parado justo al lado de Dios con su brazo siempre rodeándote. Tus pecados y luchas se encuentran frente a ti, y juntos los ven y trabajan en ellos.

En esta "Sala de Gracia" no hay pretensiones, no es necesario usar máscaras. Eres libre de ser tu ser auténtico; tú y otros en la sala contigo pueden reconocer tus debilidades y vulnerabilidades comunes. La gracia, el poder habilitador de Dios, puede hacer su trabajo.

En el camino de "Confiar en Dios", puedes agradar verdaderamente a Dios y madurar en tu fe. Si bien puedes encontrarte haciendo algunas de las mismas cosas que hiciste en el camino del "Dios agradable", ahora tus acciones se originan desde un lugar muy diferente en tu corazón, desde un lugar de gracia.

La Gracia y la Recuperación de Nuestra Infancia

En su libro *Shame and Grace*, Lewis Smedes comparte que la curación de nuestra vergüenza comienza con una experiencia espiritual de gracia:

> Experimentar la gracia es recuperar a nuestro niño interior perdido. El corazón de nuestro niño interior es la confianza. Perdemos nuestra infancia cuando sentimos que las personas en las que confiamos para aceptarnos, no nos aceptan, o pueden rechazarnos si hacemos cosas que les desagradan. La vergüenza nos engaña quitándonos la infancia. La gracia nos la devuelve.
>
> El niño que confía no tiene ninguna preocupación en el mundo sobre si es lo suficientemente inteligente o guapo, si ha logrado lo suficiente con su vida o si ha sido lo suficientemente bueno como

para ser aceptable para sus padres. Él confía en que alguien que lo abraza, lo cobija, lo alimenta, lo acuna y lo ama, lo aceptará de nuevo y siempre. La confianza es el niño interior que descubrimos en una experiencia de gracia.

La gracia vence la vergüenza, no descubriendo un caché de excelencia que se pasa por alto en nosotros mismos, sino simplemente al aceptarnos a todos, sin tener en cuenta nuestra belleza o nuestra fealdad, nuestra virtud o nuestros vicios. Somos aceptados al por mayor. Aceptados sin posibilidad de ser rechazados. Aceptados una vez y aceptados para siempre. Aceptados en la máxima profundidad de nuestro ser. Se nos da lo que hemos anhelado en cada rincón y matiz de cada relación.[42]

Recibir y Regalar las Buenas Noticias

¿Cuándo dejaron las "buenas noticias" de ser demasiado buenas para ser verdaderas, las buenas noticias más allá de cualquier cosa que pudiéramos esperar o imaginar, las buenas noticias asombrosas, geniales e increíbles, noticias para saltar y festejar? *¿Alguna vez* ha sido así para ti?

Toma el tema del diezmo, por ejemplo. ¿Cuándo fue la última vez que un sermón sobre dar se sintió bien? Una amiga mía compartió una viñeta divertida de su iglesia. El pastor había invitado a los niños pequeños a pasar al frente, sentarse y escuchar una historia. Al contarlo, les dijo a los niños que se imaginaran a Jesús entrando con un delicioso pastel de chocolate. "Todo lo que pido", dijo Jesús, "es que me des una porción del pastel y puedas tener las otras nueve piezas". Inmediatamente, un niño pequeño en el frente gritó: "¡Eso es un buen negocio!" A los grandes ojos de un niño ¡son buenas noticias!

Una de nuestras clientas había venido al ministerio y recibido más sanación y una conexión más profunda con la gracia de Dios. Poco después, ella nos envió la siguiente carta:

> Desde mi tiempo con ustedes, he hecho una nueva amiga. Ella está luchando en su matrimonio, de formas parecidas a cómo mi esposo y yo hemos luchado. Siente que cometió un error al casarse y ahora lo está pagando, como si Dios la estuviera castigando. Es muy claro

para mí cuánto Dios la ama y cómo su corazón está roto por ella cuando experimenta estas circunstancias. También está claro para mí que él está loco por ella y que ella NO tiene problemas con él. El Padre nos permite experimentar las consecuencias de nuestras acciones (Él camina con nosotros a través de esto), pero no es un "castigo". No estamos "en problemas". He podido compartir todas estas cosas con mi nuevo amigo, porque eso es lo que aprendí sobre él y su corazón. Eso es lo que me mostró. ¡Me encanta!

Creemos que historias como estas encarnan cómo el evangelio volverá a ser una buena noticia, una noticia demasiado buena para ser verdad para los hijos de Dios. Es el tipo de noticia que da vida al donante y esperanza al receptor. Nos convertimos en los mensajes vivos del amor de nuestro Padre.

Brennan Manning, en su libro clásico *El Evangelio del Vagabundo*, dice esto sobre la gracia:

> Después de esto miré, y vi una gran multitud, que nadie podía contar, de todas las naciones, tribus, pueblos y lenguas, de pie delante del trono y delante del Cordero, vestidos con vestiduras blancas y con palmas en las manos. (Apocalipsis 7:9), veré la prostituta del Rancho Kit-Kat en Carson City, Nevada, quien entre lágrimas me dijo que no podía encontrar otro empleo para mantener a su hijo de dos años. Veré a la mujer que tuvo un aborto y está atormentada por la culpa y el remordimiento, pero hizo lo mejor que pudo frente a las alternativas extenuantes; el empresario asediado con deudas que vendió su integridad en una serie de transacciones desesperadas; el clérigo inseguro, adicto a ser querido, que nunca desafió a su pueblo desde el púlpito y anheló un amor incondicional; el adolescente abusado sexualmente por su padre y ahora vendiendo su cuerpo en la calle, quien, mientras se duerme cada noche después de su último "negocio", susurra el nombre del Dios desconocido que aprendió en la escuela dominical; el convertido del lecho de muerte, que durante décadas tuvo su pastel y se lo comió, violó todas las leyes de Dios y del hombre, se revolcó en la lujuria y ultrajó la tierra.

"Pero ¿cómo?", preguntamos. Entonces, la voz dice: "Se han lavado la túnica y la han blanqueado con la sangre del Cordero".

Ahí están. Ahí *estamos* — la multitud que tanto deseaba ser fiel, que a veces fue derrotada, manchada por la vida y superada por las pruebas, vistiendo las prendas ensangrentadas de las tribulaciones de la vida, pero a pesar de todo se aferró a la fe.

Mis amigos, si estas no son buenas noticias para ustedes, nunca han entendido el evangelio de la gracia.[43]

Un Testimonio Final: Descansando en El Amor y La Gracia de Dios

Estimados J y D,

Les escribo para compartir lo que ha sucedido desde mi tiempo de asesoramiento con ustedes a principios de este mes. Puedo decir honestamente que nunca antes había caminado con más libertad que esta. Es casi incómodo. No he leído mi Biblia en toda la semana, pero me he centrado en la "Carta de amor del padre" que me dieron y en el tema de la gracia. Siento mucho su amor y ya no tengo que esforzarme más. Al principio, pensé con miedo: "¿Qué pasa si nunca deseo volver a leer mi Biblia?" Pero, como han pasado los días, sé que eso no es cierto. Tengo más pasión y deseo por Dios de los que tuve antes, pero puedo descansar, sentarme con él y dejar que su amor se apodere de mí.

No siento que tenga que realizar todos estos actos religiosos para ser una "buena cristiana", pero puedo serlo. Estoy segura de que pronto llegará un día en que estas tradiciones religiosas se convertirán en lugares íntimos con el Señor, donde ya no tengo que esforzarme más. Puedo ver el día en que leeré mi Biblia, no para "ser buena" o para "ser disciplinada", sino, porque estoy descansando en el amor y la gracia de Dios.

Realmente ha habido un cambio dentro de mí, uno que es difícil de expresar con palabras. Creo que John Lynch lo pone muy bien cuando define un camino como "Confiar en Dios" y el otro como

"Agradar a Dios". Sin saberlo, he estado tratando de complacer a Dios con mis mayores esfuerzos, pero no confiando en él. Ahora siento que tengo la confirmación de quién soy como hija de Dios.

Bendiciones,
Madeline

Cuando yo (Denise) era una pequeña niña, iba con mi familia a los fuegos artificiales del 4 de julio. Tumbados en nuestras mantas en el césped o sentados en nuestras sillas plegables en la orilla del río Saginaw, teníamos una vista espectacular. Algunas personas se sentaban en los capós de sus autos, y cuando una ronda de fuegos artificiales llegaba, se oía *¡oooh!* y *¡aaah!* entre la multitud, y las bocinas de los automóviles comenzaban a sonar. Como no estábamos en un automóvil, solo podíamos decir: "¡Bocinazo! ¡bocinazo!"

Así es como me siento leyendo la carta anterior. ¡Dios mío! ¡Bocinazo, bocinazo!

ORACIÓN

Padre, estoy agradecido por la obra de Jesús en mi vida. Aunque una vez estuve perdido en mi naturaleza pecaminosa; sin embargo, debido a mi fe en ti, ahora soy tu hijo amado y una nueva creación. No obstante, todavía lucho por comprender esta realidad. Me cuesta creer que me veas justo y verme a mí mismo en esa verdad.

Padre, cuando rechazo esta verdad en lo más profundo, rechazo la obra completa de tu Hijo. No quiero eso. Señor, declaro que cuando me miras, me ves como tu hijo justo. Por lo tanto, yo también declaro que soy justo: un santo, un bendito apartado por ti y para ti.

Señor, quiero cumplir el destino y el llamado que has puesto dentro de mí. Quiero volar, no arrastrarme. Quiero ser transformado más a tu semejanza y c on la plenitud co n l a qu e me creaste. Pero Señor, sé que no puedo hacer esto solo. Te presento mi corazón y te invito a revelar, sanar y guiarme en este trabajo transformador. Elijo confiar en ti, porque eres un buen padre que desea lo mejor para mí. Continúa llevando estas verdades a los lugares más profundos de mi corazón y dame la gracia, tu poder habilitador, para verme, amarme y aceptarme a mí mismo, y luego a los demás, como tú lo haces. En el nombre de Jesús, Amén.

PREGUNTAS PARA LA REFLEXIÓN

1. ¿Cómo han afectado el deber y el poder de complacer y realizar el mensaje de gracia que extiendes a ti mismo? (Una buena pista es lo duro que eres contigo mismo).
2. A lo largo del Nuevo Testamento, los seguidores de Cristo fueron referidos como *santos*, es decir, *apartados*. Si eres un seguidor de Cristo hoy, ¿has podido verte como un santo? ¿Por qué sí o por qué no?
3. Dadas dos opciones: el camino de "complacer a Dios y esforzarme por ser todo lo que Dios quiere que sea" o el camino de "confiar en Dios y vivir como quién Dios dice que soy", ¿cuál eliges? ¿Ha cambiado esto en ti?
4. Describe las buenas nuevas de gracia, demasiado buenas para ser verdaderas, tal como se presentan en este capítulo. ¿Puedes sentir cuán amoroso y liberador es este mensaje de la gracia de Dios? Explica.
5. Vuelve a leer la oración de cierre y pregúntate qué crees. En las áreas donde luchas, pídele al Señor que te ayude con tu incredulidad.

CAPÍTULO ONCE

AMAR A QUIEN DIOS AMA

Tu vida y la mía son, cada una de ellas, únicas. Nadie ha vivido tu vida o la mía antes, y nadie las volverá a vivir. Nuestras vidas son piedras únicas en el mosaico de la existencia humana: invaluables e insustituibles.
—Henri Nouwen

Amar a Dios. Amarte a Ti Mismo. Amar a Los Demás.

Ya hemos cerrado el círculo y regresado a la premisa de este libro: el mandamiento perdido — amar lo que Dios ama. Debemos amarnos a nosotros mismos y querernos tanto como Dios nos ama y realmente le agradamos. Y luego debemos dar la vuelta y amar a los demás de la misma manera.

> Y Él le dijo: Amarás al Señor tu Dios con todo tu corazón, y con toda tu alma, y con toda tu mente. Este es el grande y el primer mandamiento. Y el segundo es semejante a este: Amarás a tu prójimo como a ti mismo. De estos dos mandamientos dependen toda la ley y los profetas. (Mateo 22:37–40 MSG, énfasis agregado).

Puedo comenzar a amarme a mí mismo siendo amable conmigo mismo, llenarme de gracia a mí mismo, siendo responsable, bondadoso y atento conmigo mismo. De esta manera, puedo crecer y descubrir quién soy, que es lo que Dios dice que soy. Desde este lugar de identidad, el Padre revelará mi destino, los planes que él tiene para mí. A medida que tenga lugar esta transformación, habrá un nuevo conjunto de libertades que comenzarán a evolucionar dentro de mi espíritu, donde puedo comenzar a descubrir:

> Soy libre de tomar decisiones que me den vida más allá de la mera supervivencia.
> Soy libre de tener mis propios valores y mi forma de hacer las cosas.
> Soy libre de tomar decisiones que honren mis propias prioridades.
> Soy libre de respetarme lo suficiente como para decir que no cuando eso es lo mejor para mí.
> Soy libre de cometer errores y no ser perfecto.
> Soy libre de relajarme y descansar sin sentir que tengo que estar ocupado para aprobarme.
> Soy libre de perdonarme y no despreciar ninguna parte de mí mismo.
> Soy libre de sentir mis emociones, trabajar a través de mis emociones y no avergonzarme de mis emociones.
> Soy libre de ser responsable de los sentimientos de los demás.
> Soy libre de ser un reparador, un salvador o un pacificador.
> Soy libre de aceptar el cambio y el crecimiento dentro de mí.
> Soy libre de amarme a mí mismo y recibir amor porque tengo valor y valgo la pena.
> Soy libre de ser *completamente yo*.

La Historia de Marsha: Descubriendo el Poder del Amor No Merecido de Dios

Estimados J y D,

Me siento muy segura en lo que soy como hija de Dios. Tuve un momento único cuando me senté en clase el día después de que regresé de mi ministerio con ustedes. Mi profesor, tan lleno de vida y amor, estaba hablando de compartir su importancia con sus hijos a los ojos de Dios. Estaba describiendo que son educados en el hogar y que luchan con las matemáticas. Él le dijo a la clase: "Cuando mis hijos tienen problemas con una materia en la escuela, les digo con ternura: '¿Cuántos problemas matemáticos tienes que resolver para que Jesús te ame? ¡NINGUNO! ¡Eres amado por Dios y eres importante para él, no por lo que haces, sino porque fuiste hecho por él, y él simplemente te ama porque eres TÚ!'"

Mis ojos se llenaron de lágrimas cuando mi maestro nos habló. Se sentía como si me estuviera hablando como su hija. Pude recibir algo que nunca experimenté con mi propio padre. Fue un momento poderoso para mí. En ese momento, fue casi como si mi maestro fuera un padre sustituto y sentí que estaba recibiendo su mensaje cuando tenía 8 años. Por primera vez en mi vida, sentí en mi CORAZÓN — no sólo en mi cabeza — que era importante para Dios. Durante mucho tiempo he SABIDO esta verdad, pero no he SENTIDO esta verdad.

El Señor también está empezando a deshacer un modelo de personas complacientes y sobrecargadas en mi vida. He empezado a comprender que asumo las cargas de los demás, cargas que no debo cargar. Sé que el Señor tiene mucho más que revelarme en esta área, pero siento que he sido puesta en el camino correcto. Estoy emocionada por el viaje que tengo por delante mientras sigo caminando en libertad y creciendo en mi identidad en Cristo.

Bendiciones para ti,
Marsha

Yo Soy el Amor del Padre

Hace varios años, en una conferencia de liberación en Colorado, yo (Denise) respondí a un llamado a la oración. Estaba experimentando mucha depresión en mi vida en ese momento, y quería escuchar algo personal del Padre hacia mí. Cuando el orador se movió entre la multitud, tocó a cada persona y pronunció una palabra de bendición. "Más, Señor". "Bendícela, Señor". Una y otra vez escuché al hombre rezar las mismas palabras. Pero cuando llegó a mí, dijo algo diferente. Sus palabras fueron, simplemente, "El amor del Padre". Era algo de Dios. Escuché al orador bendecir a más de 500 personas individualmente, y nunca más volvió a decir "El amor del Padre".

Ahora, podría haber interpretado esta frase en el sentido de que Dios quería que me enfocara en su amor. Pero escuché un significado diferente en mi corazón. Tomé esas palabras como mi nombre, mi identidad: soy "El amor del Padre". Cuando Dios me mira, me llama su amor. Soy el objeto de su amor.

¡Yo Soy el Amor del Padre! Y esa es sólo una de las muchas verdades importantes del "Yo soy". Otras incluyen:

Soy el deleite de Dios.
Yo soy el que Jesús ama.
Soy su adorado.
Soy su valiosa joya.
Soy la perla más preciada.
Yo soy yo y estoy bien.

Una Historia sobre Caminar Libre

Después de reunirnos con los clientes, les pedimos que nos proporcionen una actualización del impacto de la experiencia de asesoramiento. Este cliente eligió compartir lo que aprendió en formato de historia:

Mis padres tenían la apariencia de ser buenos padres, pero había poca intimidad emocional en mi hogar mientras crecía. Mi padre no pudo mostrarme amor o afecto directo. A los veinticinco años de edad, me encontré sin mucha identidad y teniendo dificultades para relacionarme con Dios Padre.

Reprimí el dolor de mi infancia y adolescencia, y comencé a odiarme a mí mismo, sin darme cuenta de que mi dificultad para tomar decisiones, mi falta de dirección, mi falta de identidad y mi miedo y ansiedad, todo resultaba directamente de una pérdida en mi infancia. Creía en la mentira de que mi falta en esas áreas era porque era una persona terrible. Me odiaba a mí mismo. Pero el verdadero problema no era yo: era una herida. Las áreas que odiaba en mí mismo estaban directamente relacionadas con las heridas que había recibido temprano en la vida.

Una vez que entendí la herida de mi padre, comencé a darme cuenta de la vergüenza que había llevado como un peso durante tantos años. He reconocido que necesito desesperadamente un padre que consuele a su hijo cuando está dolorido y triste. Hoy me encuentro a veces yendo a una habitación con mi Padre celestial y simplemente dejando que me abrace y me consuele como ha querido hacer durante tanto tiempo. Estoy tan cerca de aceptar por completo que soy un hijo de Dios. La vergüenza que he acarreado me ha impedido tener intimidad con él.

He aprendido que mi esfuerzo es una máscara. Toda mi vida me he esforzado por agradar a Dios en lugar de confiar en él. Pero ahora elijo confiar en que soy quien dicen las Escrituras: una nueva creación con una nueva naturaleza, un buen corazón que busca a Dios y lo anhela. Quiero vivir en la habitación de la gracia y dejar que el Padre me ame.

Dios quiere que sea real en mi vida, y está sanando mi corazón y guiándome a ser el hombre que él creó en mí. Confiar en él en este proceso es más sincero que luchar por algún tipo de perfección que solo usaré como estándar para juzgarme a mí mismo. Ahora veo la importancia de llorar mis pérdidas y ya no seguir disculpando a mis padres; sin embargo, también sé que puedo perdonar a mis padres. También reconozco mi necesidad de comprender mi vergüenza y saber la diferencia entre la vergüenza sana y la tóxica para poder discernir la voz y las acciones de mi Padre hacia mí.

Hoy practico mirarme al espejo y animarme. En lugar de tratar de hacer lo correcto y ser algo, estoy confiando en el Señor y buscándolo. Estoy envolviendo mis brazos alrededor de la verdad de que, como Jesús, soy el hijo de mi Padre, en quien él está complacido.

Siento que cuanto más pueda inclinarme hacia el Padre y recibir su amor, más podré seguir adelante y vivir verdaderamente para él. Vivir en la habitación de la gracia me prepara para el destino en el que quiere lanzarme. El Padre quiere que confíe en él y que deje que consuele mi dolor.

En estos días, tengo los ojos llorosos con mucha más frecuencia, a medida que experimento más emociones. Sé que las compuertas de mis lágrimas se abrirán pronto, y eso es bueno. Siento que puedo enfrentar el futuro y sé que caminaré libre de mi dolor y seré capaz de amar a los que me rodean con un amor paternal, el mismo amor que mi Padre celestial siente por mí.

Pronto, todos estaremos listos para contar nuestra historia de curación, cuando la historia de nuestro pasado ya no nos controle. Cuando ya no esté dentro de nosotros, enterrado vivo. En el viaje de curación, aprendemos lo que nos sucedió, nos damos cuenta de que importaba y descubrimos a dónde vamos a continuación.

Descubrimos lo que es significativo. Grave Doloroso.
Nos arriesgamos Compartimos. Interactuamos. Descubrimos.
Crecemos. Sanamos.

Sanamos porque somos hijos de Aquel que vino a sanar a los quebrantados de corazón. Somos libres para *convertirnos*, y llegar a *ser*, todo lo que él nos creó para *ser*. Estamos unidos por un Padre celestial que está muy satisfecho con *todo lo* que hace. Vuelve a leer Genesis 1 MSG si deseas verificar esto. Su gran conclusión es el versículo 31: "Y vio Dios todo lo que había hecho, y he aquí que era bueno en gran manera. Y fue la tarde y fue la mañana: el sexto día."

Convertirse en Un Niño en el Juego

Una escritora amiga nuestra compartió con nosotros una historia que ella escribió. Lo ofrecemos aquí porque captura algo: la maravilla, el asombro, el poder infeccioso de un niño en el juego. Parece que el Padre quiere que este niño seas tú. TÚ.

Mira si estás de acuerdo con esto.

Fui a la tienda general de Sautee ayer por un bocadillo rápido para llevar. Sus BLT son como el sabor del verano. Me subí a mi auto a toda prisa para seguir mi camino. Cuando estaba abrochándome el cinturón, vi una burbuja que flotaba junto a mi ventana. Miré hacia el manto floral, donde la solución de burbujas se coloca sobre un pedestal. Entre las flores bailando había un niño bailando, de cuatro, tal vez cinco años. Llevaba la varita de burbujas en la mano como un cetro . . . agitándola como si fuera el rey de las burbujas. El brillo en sus ojos azules era mágico. Captó la atención de una señora mayor que bajaba lentamente las escaleras de la tienda. Se detuvo a medio paso para ver su cabello rubio rebotando en éxtasis de verano. Sus arrugadas mejillas se convirtieron en una sonrisa y el brillo en sus ojos coincidió con el de él. Por un momento, los años se desvanecieron de su rostro. Me preguntaba qué tan atrás en el tiempo la habían transportado.

Otros que estaban dando vueltas, en su mayoría turistas, también se detuvieron. Todos los ojos estaban paralizados sobre el niño, que no se daba cuenta de nada más que de crear la mayor cantidad de burbujas posible. Mientras todos lo veíamos, su padre se acercó. Tomó la varita y, como hacen los padres, comenzó a hacer burbujas más largas y más grandes para el niño. Si el niño hubiera sido un globo en ese momento, se habría reventado. Corrió persiguiendo las burbujas. Atrapándolas. Haciéndolas estallar. Él reía y sonreía. Lo sé porque bajé la ventana para escuchar. Su papá lo estaba animando. El niño estaba atrapado en un momento de la infancia que todos recordamos. La sonrisa en su carita bronceada por el sol se había extendido a los rostros de las doce personas congeladas alrededor de él. Cada uno de nosotros esperando que se rompa el hechizo, pero esperando que aún no ocurriera. La simplicidad del momento me sorprendió . . . cómo un poco de agua jabonosa y un cable podrían transformar una escena de extraños en compañeros de juego que viajan en el tiempo. Cómo un niño pequeño podría inyectar vida en un breve instante a todos los que lo rodean, sin siquiera saberlo.

Creo que Dios ama que juguemos como niños. Cuando bailamos y estamos encantados con su creación, nos anima. Cuando nos regocijamos en las pequeñas cosas más simples . . . como burbujas y gotas de lluvia, luciérnagas y arco iris . . . nos bendice. Cuando nos infunde una alegría exuberante, el tiempo se detiene. Él anhela estar con nosotros cuando estamos en ese estado. Es simple esta comunión con él. Las palabras no son necesarias. La música de nuestra risa, el abandono de nuestros corazones en el momento, no se asemeja a nada. Lo recordamos desde la infancia, pero necesitamos que se nos recuerde. Nuestros recuerdos renovados. ¿Cuál es este viejo sentimiento familiar que surge al ver a un niño jugando? Es libertad. Es inocencia sin trabas. Es honestidad. Es adoración.[44]

Un Poema para Reflexionar

Al cerrar este capítulo, nos gustaría compartir un poema que da esperanza sobre las cinco etapas en el camino de la curación. Que sea una guía para tu progreso.

Retrato del Progreso

> I. Camino por la calle.
>> Hay un hoyo profundo en la acera.
>>> Me caigo
>>>> Estoy perdido . . . Estoy indefenso.
>>>> No es mi culpa.
>>>> Toma una eternidad encontrar una salida.
>
> II. Camino por la misma calle.
>> Hay un hoyo profundo en la acera.
>>> Pretendo no verlo.
>>> Me caigo de nuevo en él.
>>>> No puedo creer que estoy en el mismo lugar, pero no es mi culpa.
>>>> Todavía toma mucho tiempo salir de él.
>
> III. Camino por la misma calle.
>> Hay un hoyo profundo en la acera.
>>> Veo que está allí.
>>>> Todavía me caigo . . . es un hábito
>>>>> Mis ojos estan abiertos.
>>>>> Ya veo donde estoy.
>>>>> Es mi culpa.
>>>>> Me salgo inmediatamente.

IV. Camino por la misma calle.
Hay un hoyo profundo en la acera.
Camino alrededor de él.

V. Camino por otra calle.[45]

ORACIÓN

Padre, gracias por tu proceso de redención y restauración: grandes palabras que tienen un significado simple: que soy lo suficientemente importante para ti como para que hayas encontrado una manera de encontrarme, sanar mi corazón y llevarme a un lugar nuevo. Gracias porque enviaste a tu Hijo, Jesús, para sanar mi corazón roto y liberarme de las cosas que me han mantenido atado de alguna manera. Su Palabra dice que "es por la libertad que Cristo nos ha liberado". Estoy en esa libertad y me niego a aceptar cualquier cosa menor.

Sé que no puedo hacer nada sin tu ayuda, incluso vivir desde un lugar de libertad y vida, por lo que te pido tu ayuda para seguir amándome y aceptarme y vivir desde tu corazón. Ayúdame a amarte a ti, a mí mismo y a los demás de la manera que quisiste. En el nombre de Jesús, Amén.

PREGUNTAS PARA LA REFLEXIÓN

1. Como ejercicio breve pero poderoso, mírate en el espejo y di: "Yo soy el amor del Padre". Envía este mensaje a la memoria y elige vivirlo. Te bendecirá a ti y a Dios.
2. ¿Qué significa esta declaración para ti: "El Padre quiere que seas libre para *convertirte* y *ser*, todo lo que él te creó para *ser*".
3. Regresa a la sección "Convertirse en Un Niño en el Juego". Imagina que eres uno de los turistas. ¿Qué *sientes* cuando miras a este niño? Detente e imagínate a ti mismo como un niño jugando. ¿Cómo crees que se siente el Padre mientras mira? ¿Te imaginas que él también se deleita contigo y te disfruta?
4. Refiriéndose al "Retrato del Progreso" como un mapa, ¿dónde te encuentras en el viaje de curación? Usa el "Retrato del progreso" como guía hasta que te encuentres caminando por otra calle.
5. Ora la oración final por ti mismo. ¡Unimos nuestra oración con la tuya por la plenitud del amor y la vida!

PROFUNDIZAR: HISTORIAS QUE TE LLEVARÁN MÁS ALLÁ EN TU VIAJE SANADOR

Introducción a *Profundizar*

Estamos agradecidos y honrados de que nuestra primera edición de *El Mandamiento Perdido: Ámate a Ti Mismo* haya impactado a tantos en los Estados Unidos e internacionalmente. Dios ha usado las historias, cartas y oraciones de nuestro libro para abrir los corazones de los lectores a un Padre amoroso, cuyo amor siempre nos rodea. Las notas, cartas y testimonios que recibimos de nuestros lectores han ampliado nuestros corazones y aumentado nuestra gratitud al Padre exponencialmente. Nos hemos deshecho una y otra vez con respecto a cómo el Padre ha demostrado su amor insondable a sus hijos, solo para que puedan amarse a sí mismos como él los ama.

En esta edición ampliada, abordamos las heridas del padre y la madre con mayor profundidad. También discutimos otros problemas de la infancia que frecuentemente identificamos en los clientes que acuden a nosotros para recibir asesoramiento intensivo. Muchas personas tienen dificultades para comprender la conexión entre sus luchas actuales y su infancia. Brindar más ayuda en estas áreas es una de las principales razones por las que hemos escrito esta edición ampliada.

El poder de la "historia" en el contexto de la curación puede ayudarnos a profundizar nuestra comprensión de lo que nos ha sucedido y su impacto en nuestras vidas. Sin embargo, simplemente contar nuestra historia desde nuestra cabeza no es suficiente. Debemos estar dispuestos a participar y volver a entrar a través de nuestro corazón y espíritu. Incluyendo recuerdos que están presentes y otros que el Dios Padre hace resurgir. Debemos dejar que el Padre nos "lea" y revele las heridas en nuestra historia. Debemos estar dispuestos a ver lo que ve el Padre y sentir lo que siente por nosotros y nuestra historia. Y, a medida que nuestros corazones se conectan con el impacto de la verdad de nuestro pasado, podemos comenzar a llorar para que podamos ser sanados.

A lo largo de esta sección, tendrás oportunidades para "profundizar". Te haremos muchas preguntas diseñadas para ayudar a que tu historia real salga a la luz: la que el Padre sabe sobre ti que pudiste haber evitado o que simplemente nunca te diste cuenta. También compartiremos nuestras observaciones desde una perspectiva de asesoramiento para ayudarte en el viaje de curación.

No corras por estas secciones. Invita al Padre a compartir lo que esté en tu corazón mientras reflexionas sobre la historia de tu vida, que comenzó en la concepción. Él te ayudará a ver y comprender el impacto o "costo" de lo que te sucedió que no debería haber sucedido, y lo que no sucedió que debería haber sucedido. En ocasiones, te remitiremos a un capítulo anterior del libro que puede ayudarte en este proceso.

Aférrate a esta verdad: eres *preciado para Dios, y él anhela curarte y restaurarte*. Entonces, puedes comenzar a amarte a ti mismo, cada parte, y amarlo más a él y a los demás con un corazón curado y liberado.

Historias para Llevarte Más Lejos

Cuando dejemos esta vida y nos paremos en la presencia de Dios, creo que sólo se nos hará una pregunta: ¿Creías que te amaba? . . ¿que te esperaba y anhelaba escuchar el sonido de tu voz?
—*Brennan Manning*

Tu respuesta a la pregunta anterior puede demostrar si has internalizado o no el mensaje y el cuidado de Jesús: atraer a sus seguidores para que conozcan a Dios como Abba — Papá. Es posible que hayas experimentado a Dios como distante y juzgador. Pero Jesús nunca dejó de ocuparse de las noticias demasiado buenas para ser verdad de nuestro Padre Abba, quien nunca deja de cortejar y atraer a cada oveja perdida, y cada hijo (o hija) perdido para volver a su corazón.

El Padre Pródigo

Comúnmente nos referimos a Lucas 15: 11-32 como la parábola del hijo pródigo. El hijo era rebelde y un extravagante derrochador. Pero el Padre también fue extravagante en muchos aspectos con respecto a su hijo. Hoy, probablemente veríamos al Padre como un despilfarrador, imprudente y simplemente como alguien equivocado por darle a su hijo exigente, egocéntrico e irrespetuoso toda su herencia. (Hubiéramos aconsejado al Padre sobre cómo establecer mejores límites).

¿Te imaginas que este hijo haya vuelto a él después de la jugarreta que hizo? Sabemos que muchos de ustedes tienen historias sobre lo que obtuvieron de su padre (o madre) cuando "volvieron a casa". Pero cuando este hijo sin dinero llegó a casa, el Padre organizó la fiesta más grande que los vecinos y la familia habían visto. Apostaríamos que algunas personas, además del hijo mayor, cuestionaron las acciones del Padre.

Ahora veamos esta historia desde una perspectiva diferente. ¿Cómo cambiaría el mensaje si el mayor mensaje de esta Escritura fuera sobre el Padre pródigo? Mira algunos de los significados de la palabra *pródigo*. Incluyen *generoso sin medida; derrochador extravagante; producir cantidades generosas; sin control; ceder profusamente; generosamente abundante.*

Lee estas definiciones una vez más; haz una pausa después de cada una y reflexiona sobre cómo describe la verdadera naturaleza del Padre.

Pródigo, resulta, es la descripción perfecta del amor del Padre por nosotros: amor en una medida descontrolada, "desperdiciado" en sus hijos e hijas (que rompen su corazón con sus elecciones día tras día). Describe sus emociones, su corazón, su favor inquebrantable y su amor infalible y constante por ti y por mí.

El Padre no sermonea. No señala con el dedo. No avergüenza ni culpa. No retiene ni obstruye. No, nada de eso, sino observa, espera, llora, desea, cree, anhela, que cada uno de nosotros regrese a casa.

Completamente.

Eso significa no solo físicamente sino con todo el corazón, cada aspecto de nosotros, todo nuestro ser, vuelve a la vida. Sin partes ocultas detrás de una pared o una máscara, completamente seguros en el hogar de los brazos del Padre. Él corre hacia nosotros con alegría y lágrimas desbordantes. Bastante indigno para el Creador del universo, pero ¿qué le importa? Su hijo, su hija, regresan a su hogar con su amor insondable, incomprensible y sorprendentemente ilimitado. El amor del Padre corre para encontrarte; sus brazos se extienden y te envuelven; sus ojos de misericordia y gracia te atraviesan, y él comienza a sanar tu corazón y restaurarlo a su diseño original.

Heridas de Padre

Las heridas del padre pueden ser algunas de las más profundas. El papel del padre es especialmente importante en dos ocasiones en el desarrollo del niño. La primera es de los dos a los cuatro años, cuando separa al niño de la madre y lo ayuda a darse cuenta de que está separado/a de ella. Es durante este tiempo que el niño comienza a desarrollar un sentido de individualidad e independencia. El otro momento importante en el papel del padre es cuando el niño alcanza los doce o trece años. Esto es cuando el padre debe atraer al hijo o hija a su masculinidad o feminidad, respectivamente, y afirmarlos en esta etapa temprana y transitoria de convertirse en adulto.

Cuando experimentamos heridas en el padre, podemos transferir fácilmente la ausencia de nuestro padre, el abandono emocional, el rechazo, la ira y el abuso a la naturaleza del mismo Dios Padre. Un ex pastor dijo que le llevó diez años de curación borrar el rostro de su padre del rostro de Dios. Esta no es solo una declaración profunda, sino también una verdad recurrente en aquellos que buscan curarse de una herida parental.

La historia de Darren

Darren nunca conoció a su padre. El hombre se fue tan pronto como descubrió que su novia estaba embarazada. Mientras crecía, Darren siempre estaba preocupado en los eventos deportivos. No podía evitar inspeccionar a la multitud buscando un hombre que se pareciera a él mismo. "¿Y si mi papá está aquí? Quizás esta noche lo encuentre". Nunca sucedió.

Pero unos años más tarde, cuando Darren tenía catorce años, descubrió que su padre vivía a ocho kilómetros de su casa. ¡Ocho kilómetros! A solo ocho kilómetros de distancia de toda la infancia de Darren, y él nunca lo supo.

Darren tomó la iniciativa y llamó a su padre. Resultó que era un tipo bastante bueno. Dio la bienvenida a Darren de inmediato y comenzaron a salir juntos. Esto sucedió regularmente, al menos hasta que el padre comenzó a salir con alguien. Su padre no lo quería en su casa cuando estaba viviendo una nueva mujer. Darren entendió y esperó la ruptura para que él y su padre estuvieran cerca nuevamente.

PROFUNDIZAR

¿Cómo te sientes acerca de la relación de Darren con su padre (enojado, triste, contento, temeroso, ansioso, entumecido)? ¿Qué crees que siente Dios? (Nosotros votamos por enojados y tristes por nosotros y por Dios). ¿Cuáles son algunas de las dificultades que Darren probablemente tendrá cuando intente relacionarse con Dios como Padre?

Cuando Darren fue a terapia más tarde en su vida, se dio cuenta de que encontrar a su padre no fue una historia de cuento de hadas con un final "felices para siempre". Cuando Dios comenzó a sanar su corazón, Darren descubrió que el amor de su padre por él era condicional, que *seguía* siendo rechazado cuando su padre lo sacaba de su vida una y otra vez cada vez que aparecía una mujer.

Detente por unos minutos y reflexiona sobre tu infancia y tu relación con tu padre. Durante una semana típica durante tu crecimiento, ¿tu padre pasaba tiempo contigo? ¿Cómo mostraba afecto hacia ti? ¿Te alababa y afirmaba? Si era así ¿de qué manera? ¿Te decía que te amaba o tenías que asumir que lo hacía? ¿Decía que estaba orgulloso de ti? ¿Cómo te sientes por dentro al reflexionar sobre tus respuestas a estas preguntas? Si no recibiste suficiente afirmación, presencia y otras expresiones de amor de tu padre, hay una herida.

¿Tu padre te avergonzó, te criticó, te rechazó, te negó el amor o abusó de ti? ¿Sus nalgadas u otra "disciplina" física dejaron marcas? ¿Sus palabras o su silencio perforaron tu corazón y dejaron una herida? ¿Te imaginas cómo el silencio de un padre puede gritar rechazo incluso más que las palabras reales? *(Nota: estas mismas preguntas también podrían aplicarse a tu madre).*

Darren aprendió a usar mecanismos de defensa para evitar el dolor del rechazo y el abandono. Cuando eras niño, ¿qué mecanismos *aprendiste* a usar para evitar el dolor? Llevas esos mismos mecanismos en la edad adulta. No los superas; estarán activos en tu vida adulta y afectarán tus relaciones actuales contigo mismo, con los demás y con Dios. Necesitarás pedirle a Dios que derribe tus muros y luego confiarle el dolor y la pena que sentirás para sanar. (Es posible que desees revisar los mecanismos de defensa en el capítulo 7, página 107).

¿Qué obstáculos tienes al ver a Dios como tu Padre? ¿La cara de tu padre está proyectada de alguna manera sobre la del Dios Padre? ¿Crees que Dios siempre está contigo, a tu lado, incluso cuando te equivocas?

Pídele al Padre que comparta algo en su corazón con respecto a ti y al niño interior. A menudo les pedimos a las personas que aconsejamos que imaginen colocar una mano sobre la de Dios y, con la otra mano, tomar la manito de su hijo dentro. Pruébalo tú mismo. Detente y reflexiona sobre lo que sientes que el Padre *sentía* por ti cuando eras niño. ¿Cómo se siente él contigo en este momento durante este tiempo de reflexión?

La Historia de Shane

"Mi padre no expresaba mucha emoción, excepto ira", escribe Shane.

> No había gracia cuando cometía un error o no hacía las cosas a su manera. Él explotaba incluso por cosas simples, como no usar mi tenedor y cuchillo correctamente en la mesa. Él esperaba un cumplimiento total.
>
> Recuerdo que una vez cuando tenía dieciséis años me abofeteó por no estar de acuerdo con él. En ese momento tomé la decisión de que nunca más permitiría que nadie me lastime así de nuevo.
>
> Puedo sentir la vergüenza y la ira aumentando, incluso ahora. No recuerdo ninguna vez que me haya alabado. Era como si solo merecía su atención cuando estaba en problemas.

Íbamos a la iglesia cuando las puertas estaban abiertas. Leíamos la Biblia todas las noches. Para mí se convirtió casi en una broma. Recuerdo haber pensado: "Si Dios se parece a mi padre, no quiero tener nada que ver con él".

Nunca se interesó personalmente en nada de lo que yo hacía en la escuela. Él nunca jugó conmigo ni me enseñó a andar en bicicleta, arreglar un automóvil o reparar nada. No tenía la paciencia para eso. Mi madre caminaba alrededor de mi padre en puntas de pie, ya que su atención siempre estaba en mantener la paz con él.

Me sentí más como un huérfano que como un hijo.

Con papá controlando y mamá en puntas de pie, Shane no tenía a nadie que lo criara. Ahora, Shane está casado y tiene un hijo propio. Él pregunta: "¿Cómo puedo ser un gran padre cuando no tuve ningún modelo de paternidad? O incluso el matrimonio, para el caso".

PROFUNDIZAR

¿Qué fue modelado para Shane acerca de tener sentimientos y compartir esos sentimientos con otros? A su padre no le gustaba pasar tiempo con él solo padre e hijo. ¿Cómo crees que la distancia emocional impactó en las futuras relaciones de Shane? ¿Cómo podría haber influido en su relación con Dios (ya que nuestro padre y nuestra madre dan forma a nuestra imagen de Dios)? ¿Qué fue modelado para Shane sobre el afecto del Padre por él, su disfrute de Shane, su jactancia hacia Shane, su corazón lleno de amor por su hijo, diciéndole a todos los anfitriones celestiales "Ese es mi niño"?

En todas las lecturas de la Biblia en el hogar y la predicación de la Biblia en la iglesia, Shane adquirió conocimiento de la "ley" y, a su vez, aprendió la vergüenza religiosa tóxica. No fue solo la vergüenza de decir que *hizo* algo mal; era vergüenza de decir que *él* estaba equivocado y que nunca podría estar a la altura. A través de toda la religión, nunca conoció al Padre. Nunca sintió el corazón del Padre por él, ni experimentó el afecto o la gracia de Dios.

¿Cuál ha sido tu propia imagen de Dios como Padre? ¿Ha habido mucha diferencia entre lo que *sabes* en tu cabeza acerca de Dios como Padre y lo que *sientes* acerca de él en tu corazón? ¿Qué siente él por ti? ¿Es más fácil para 194 ti hablar y orar a Jesús en lugar de a Dios, el Padre? (Es posible que desees volver al capítulo 3, página 38, y revisar el ejercicio sobre cómo ves al Dios Padre).

Al igual que con Shane, las heridas de la infancia deben ser curadas en última instancia por tu Padre celestial. Él no está limitado por el tiempo y puede volver a cualquier momento de tu pasado y curarte. Por supuesto, esto requerirá que te asocies con Dios para atravesar el dolor y la pena de tu infancia: todas las cosas que tienes que no deberías tener y todas las cosas que no obtuviste que necesitabas. Como resultado de este viaje, tu pasado puede ser sanado y transformado.

Heridas de la Madre

El individuo más importante en la vida de un bebé desde el nacimiento hasta los dos años es la madre. En las primeras etapas del desarrollo normal, el bebé está totalmente enredado o unido a la madre (*Yo soy tú*). En esta etapa, el bebé no tiene la capacidad de saber que él o ella tiene un yo. El bebé solo *siente* lo que siente la madre, y cuando demuestra amor auténtico, el bebé desarrolla seguridad y una sensación de paz en el centro.

Una brecha en el desarrollo con la madre en los primeros nueve meses después del nacimiento obstaculizará la primera piedra angular de la vida de un niño: la confianza. Si esta herida fue intencional o no, su impacto se mostrará a lo largo de la vida del individuo.

Si tu nacimiento no es bienvenido, si el amor no se refleja en el contacto, la nutrición, la dulzura, la presencia y el contacto visual de tu madre, tu base se verá comprometida.

Si la madre simplemente realiza los movimientos o actúa como una buena madre, no alcanzará el corazón y el espíritu del bebé, y por lo tanto, no se establecerá una base saludable para la vida.

Nuestra Historia Comienza en el Útero

Porque tú formaste mis entrañas; me hiciste en el seno de mi madre.
Te alabaré, porque asombrosa y maravillosamente he sido hecho; maravillosas son tus obras, y mi alma lo sabe muy bien.
No estaba oculto de ti mi cuerpo, cuando en secreto fui formado, y entretejido en las profundidades de la tierra.
Tus ojos vieron mi embrión, y en tu libro se escribieron todos los días que me fueron dados, cuando no existía ni uno solo de ellos.
(Salmo 139:13-16)

La historia de Denise

Mis primeros nueve meses de vida (de Denise) en el útero de mi madre proporcionaron una base débil para mi infancia y mi vida adulta. Yo era la tercera hija, con dos niñas ya en la familia. Mis padres querían que fuera un niño, para salvar su matrimonio, o al menos darle un nuevo comienzo. En el útero, soy una con mi madre. Como estaba emocionada por estar embarazada de mí, fisiológicamente compartió los químicos producidos por su alegría y esperanza. Esa fue una gran mezcla para mí. Sin embargo, también hubo un pequeño goteo de sustancias químicas negativas que mi madre compartió conmigo por el miedo y la ansiedad que sentía: el miedo a que yo pudiera ser una niña.

De alguna manera, en lo más profundo de mi ser, sentía que hubiese sido mejor para mí si nunca hubiera nacido. "Cuando me veas, no me querrás". Ya estoy preparada para la vergüenza. "No estoy a la altura. Soy una decepción. Soy un error. Soy una carga. Asumiré la responsabilidad de salvar el matrimonio. Si no están contentos, será mi culpa". Junto con la vergüenza, las semillas de rechazo, abandono y miedo ya estaban plantadas, ¡y yo ni siquiera había nacido todavía! (No "pienso" de esta manera desde ninguna habilidad cognitiva sino desde mi espíritu, que está completamente vivo y no tiene edad).

Cuando llegó el día de mi entrada a este mundo, mis padres solo escogieron el nombre de un niño para mí: Kenneth. Nací el domingo de Pascua. Me dijeron que mi hermana estaba más entusiasmada con el Conejito de Pascua, que de alguna manera, increíblemente, sabía que esa mañana debía entregar su canasta en la casa de la abuela en lugar de en la de ella.

Cuando mi padre me vio por primera vez, pensó que "tenía a su hijo", pero un instante después el médico intervino: "Es una niña". Papá dijo que se adaptó rápidamente, pero mi madre no. Ella entró en depresión.

No me vinculé con mi madre. No fui amamantada. Sé que el latido de mi madre me habría hecho sentir muy segura y reconfortada. Tengo la sensación de que lloré mucho cuando era bebé y que nadie vino a abrazarme ni a consolarme. Incluso cuando me alimentaban, mi biberón estaba apoyado en la cuna para que pudiera alimentarme. El enemigo y sus mentiras se colaron sigilosamente: "Estás sola para satisfacer tus necesidades. No puedes confiar en que alguien estará allí para ti. No eres adorable. Tendrás que actuar y ser buena para demostrar que eres valiosa". Y en lo más profundo de mi ser, le creí.

Lamentablemente, fue sobre esta base agrietada de confianza que se construyó mi identidad. La identidad dice: "Soy yo y estoy bien" o "Soy yo y NO estoy bien". Al comienzo de mi vida, mis necesidades básicas de ser amada y adorada quedaron insatisfechas. Ahora, como adulta, puedo entender totalmente por qué el anhelo más profundo de toda mi vida fue que alguien me "eligiera". Mis necesidades insatisfechas al comienzo de mi vida produjeron una herida profunda en mi alma, que solo Dios podía sanar retrocediendo en el tiempo.

Cuando tenía tres meses, el mejor regalo que Dios podría haberme dado llegó a la tierra: Jerry. Aquí está su historia prenatal.

La Historia de Jerry

Cuando yo (Jerry) fui concebido, mis padres ya tenían dos hijos. El dinero era escaso y mi madre tenía miedo de decirle a mi papá que estaba embarazada. Fue al médico, pero le dijo a todos que tenía una úlcera. (Y las úlceras "sólo se van con la medicina" ¿verdad?) Mi madre no tuvo un aborto espontáneo y la úlcera no desapareció, así que, finalmente, tuvo que decirle la verdad a mi padre. Él estaba muy enojado con ella (¡como si ella lo hubiese hecho sola!). Como único sostén de la familia, realmente no quería la responsabilidad de otro niño, al menos no en ese momento.

Como estaba compartiendo los productos químicos producidos por las emociones de mi madre, recibí una dieta constante de su miedo, ansiedad y resentimiento. Desde el momento en que fui un niño, mi apodo fue Preocupón. Mi experiencia de ser no deseado, ser una "úlcera" y llegar en el momento financiero equivocado, produjeron vergüenza tóxica en mi núcleo. Tenía miedo de cometer un error porque confirmaba lo que ya sentía: *"Soy un error".*

Aprendí a complacer a las personas, a mantener la paz (me puse en medio de las peleas de mis padres) y a ser el protector de los sentimientos de mi madre. Aprendí que para mantener mi ansiedad a raya, tenía que ser perfecto y tener el control. Y, como la perfección es imposible de mantener, aprendí a usar una máscara y ocultar mis imperfecciones para que nadie pudiera verlas.

A la edad de tres años, había abandonado mi verdadera identidad y mi falso yo volvió a la vida. Maté al pequeño niño adentro que Dios había tejido meticulosamente con tanto amor.

PROFUNDIZAR

Quizás esta es la primera vez que piensas en problemas en tu vida adulta que comienzan en el útero. Idealmente, debería ser un lugar seguro para que el feto crezca en seguridad, pero para muchos no lo fue. Los problemas como un embarazo fuera del matrimonio, llegar en el "momento equivocado", intentar abortar, ser del sexo incorrecto o ser adoptado (por nombrar algunos) casi siempre producirán heridas profundas que necesitan el toque sanador del Padre.

Tal vez te preguntes cómo podría ser posible que un niño en el útero resulte herido y necesite ser sanado más adelante en la vida. Existe una gran cantidad de investigación realizada a lo largo de los años que demuestra - desde una visión científica — cuánto afecta el feto los estímulos internos y externos. Nosotros, sin embargo, queremos ver esta área desde una perspectiva espiritual. Para ayudar con esto, es importante que diferenciemos entre nuestra alma y nuestro espíritu. El alma generalmente se identifica como consistente en nuestra mente, voluntad y emociones. Una gran cantidad de heridas pueden ocurrir en nuestra alma. Nuestro espíritu, algunos lo llaman nuestro "espíritu personal", es diferente. Dios nos lo transmite en el momento de la concepción, y para aquellos de nosotros que hemos aceptado a su Hijo, regresa a él después de nuestra muerte. Nuestro espíritu no tiene edad y, por lo tanto, no depende de nuestras funciones cognitivas (alma) para procesar la vida. Es capaz de sentir y responder al entorno que lo rodea.

El apóstol Pablo distinguió entre nuestro espíritu, alma y cuerpo (1 Tes. 5:23). Nuestro espíritu, trabajando junto con nuestra mente, voluntad y emociones, se comunica con el Espíritu de Dios. Pablo declaró que "El Espíritu mismo da testimonio a nuestro espíritu de que somos hijos de Dios" (Ro. 8:16). Nuestro espíritu puede estar emocionado y "saltar de alegría", pero también puede ser quebrantado o abatido (Ps. 34:18). Es interesante que nuestro espíritu y corazón a menudo se mencionan como sinónimos en el Nuevo Testamento. Cuando discuto el concepto de herida prenatal, me gusta compartir con los clientes la Escritura de Lucas 1: 39–45 en El mensaje (énfasis añadido):

> En esos días María se levantó y fue apresuradamente a la región montañosa, a una ciudad de Judá; y entró en casa de Zacarías y saludó a Elisabet. Y aconteció que cuando *Elisabet oyó el saludo de María, la criatura saltó en su vientre;* y Elisabet fue llena del Espíritu Santo, y exclamó a gran voz y dijo:
>
> ¡Bendita tú entre las mujeres,
>   y bendito el fruto de tu vientre!
> ¿Por qué me ha acontecido esto a mí,
>   que la madre de mi Señor venga a mí?
> Porque he aquí, *apenas la voz de tu saludo llegó a mis oídos,*
>   *la criatura saltó de gozo en mi vientre.*
> Y bienaventurada la que creyó que tendrá cumplimiento
>   lo que le fue dicho de parte del Señor.

Observa que fue el espíritu de Juan el que reconoció a Jesús. El espíritu de Juan fue completamente creado cuando Dios lo inspiró en el vientre de Elisabet, y fue el espíritu de Juan el que respondió a la llegada de Jesús al vientre de María; las funciones cognitivas de Juan aún no se habían desarrollado. Es este mismo espíritu en nosotros que, cuando está herido, puede responder al amor sanador de Jesús cuando lo invitamos a sanar y restaurarnos.

Cuando los clientes comparten su historia personal de lucha y sentimientos no saludables, a menudo preguntamos: "¿Cuánto tiempo te has sentido así?" A menudo responderán: "Tanto como puedo recordar". Dado que la memoria comienza alrededor de los tres años, podemos suponer que hubo sentimientos o mentiras poco saludables desde el útero hasta los tres años. ¿Tienes creencias o sentimientos persistentes que te han perseguido "por tanto tiempo como puedas recordar?" Por ejemplo, yo (Jerry) siempre sentí que mi ansiedad era "tal como yo era". Finalmente, cuando tenía treinta y cinco años, mi consejero me ayudó a descubrir que las raíces de mi ansiedad comenzaron en el útero.

Actuar, agradar a las personas, superar las expectativas, la depresión, soledad, el odio a sí mismo, la vergüenza, el rechazo o miedo a la muerte también pueden originarse en el útero. Hemos rezado con muchos clientes a lo largo de los años por la curación de sus heridas prenatales. El Dios Padre ha validado nuestras oraciones, una y otra vez, no solo sanando el espíritu del individuo sino también conociendo a los clientes de manera experimental, a través de imágenes, impresiones, palabras, contacto físico o una canción, por nombrar algunos de sus medios. Él viene a cada persona de manera única porque hace que cada persona sea única.

Perry, un médico, fue adoptado poco después del nacimiento. Aunque yo (Denise) compartí con él cuántas de sus luchas actuales se remontan a ser no deseado desde el principio, rechazó la oración de curación. Había sido adoptado por buenos padres cuando era un bebé, y no cree que sus patrones de vida y bienestar emocional pudieran verse muy afectados mientras estaba en el útero.

Continuamos reuniéndonos semanalmente y trabajamos en las luchas que estaba teniendo con sentimientos de abandono y rechazo en sus relaciones más cercanas. Unas semanas más tarde, cuando entró, su anuncio me sorprendió por completo: "¿Podrías orar conmigo hoy respecto a cuando estaba en el útero? Leí algunas investigaciones médicas que validaron lo que me dijiste". (Nota: en lugar de tratar de convencer a un cliente sobre un problema que vemos y creemos que es importante, hemos aprendido a dejar ir y confiar en el Padre para que abra el corazón de su hijo y traiga la revelación que se necesita. El tiempo de Dios para la curación es perfecto, y hemos aprendido a confiar en eso).

ORACIÓN PARA SANAR HERIDAS PRENATALES

Mi oración (de Denise) por Perry fue similar a la forma en que Jerry y yo oramos por cualquiera de nuestros clientes que sufren heridas prenatales. El siguiente es el modelo que utilizamos. La oración misma está en cursiva; Algunas directivas para ti (como si fueras nuestro cliente) aparecen entre paréntesis en letra normal.

Padre, gracias porque el tiempo y el espacio no te detienen. Hoy te pido que vengas al espíritu de este pequeño en el útero e identifiques todas las heridas de su espíritu desde el momento de la concepción.

Te digo [el cliente], en el nombre del Señor Jesucristo, que tu vida no es un error. El Padre te unió por el mismo amor que él es. Él te planeó y te trajo de acuerdo a su plan y tiempo. Él ya ha preparado un destino para ti y sacrificó a su Hijo para que puedas vivir con él para siempre.

Pequeño, eres un privilegio, no una carga. Eres una alegría y una delicia. No eres una decepción; no eres una intrusión. El Padre susurra suavemente en tu espíritu: "Me perteneces, preciado niño, y celebro quién te he hecho para que así seas. Hoy derramo mi amor líquido para rodearte en el útero. Recibe un nuevo aliento de vida del Espíritu Santo, que llena tu espíritu y disipa toda muerte y oscuridad".

Padre, abre los ojos del corazón de tu hijo para que él (o ella) pueda verte y sentirte envolviendo tus brazos de bienvenida a su alrededor. Dale la bienvenida a tu descanso para que pueda crecer pacíficamente en la plenitud de la vida como lo planeó desde el principio.

Ahora te pregunto [el cliente]: "¿Perdonarás a los que te han herido con su decepción, vergüenza, miedo o enojo con respecto a ti?" (Tú respondes. A medida que llegue más revelación, es posible que tengas que elegir perdonar una y otra vez, hasta que seas libre).

"¿Eliges la vida?" (Tú respondes).

"¿Eliges nacer?" (Tú respondes).

Padre, pon tu mano de bendición sobre este pequeño, para que sienta tu corazón de placer y deleite.

(Mientras inhalas lentamente, incorpora la confianza . . . y el resto . . . y la paz que él está tejiendo en tu ser central).

Pequeño, puedes ser quién eres, sabiendo que el Padre está trayendo integridad y armonía a tu espíritu. Eres buscado. Eres celebrado. Eres amado.

Perry tenía fe y esperanza de creer que la oración lo ayudaría, pero no estaba preparado para que el Padre lo llevara de regreso a la sala de partos y le mostrara a Perry que estaba allí cuando Perry nació. En la visión que Dios le mostró, Perry experimentó las manos fuertes pero amables de Papá, sacándolo del vientre de su madre. El Padre sostuvo a este pequeño recién nacido "no deseado" en los cielos, con el rostro radiante de alegría y orgullo. Luego, atrajo al preciado bebé hacia su pecho y dijo: "Eres mío, y nunca te dejaré huérfano". Y cuando el Padre borró la secuela, Perry pudo sentir todo el rechazo, el abandono y la vergüenza dejando su cuerpo, alma y espíritu. Le dieron la bienvenida, lo celebraron, no fue un error, no fue un huérfano: él pertenecía a su Padre celestial, que llamó a Perry "Hijo". Y a partir de ese día, Perry sabía quién era.

No tengo palabras para expresar el profundo asombro y gratitud que sentí al haber sido invitado por Papá para ver el nacimiento y la transformación milagrosa de su hijo.

Los Años de Crecimiento en Una Familia Disfuncional

En la familia disfuncional, los padres transmiten diversos grados de comportamiento no saludable desde su propia infancia y crean patrones no saludables similares para sus hijos. Para evitar la vergüenza que emana del núcleo de su sistema familiar, los niños aprenden a negar sus propios sentimientos, deseos y necesidades. Pierden su verdadero ser que Dios creó y en su lugar aprenden a usar una máscara para sobrevivir. Este falso yo espera, a través de cómo se presenta, ganar aceptación y evitar el dolor del rechazo de los demás. Desafortunadamente, el dolor emocional es aún mayor porque los niños que crecen usando la máscara del falso yo terminan rechazándose a sí mismos.

La Historia de Sandra

Sandra fue criada en un hogar de alcohólicos. Su padre viajaba por negocios cinco días a la semana, pero incluso cuando estaba en casa, no estaba emocionalmente disponible. Papá controlaba la casa y las finanzas. Como él era el único que trabajaba, justificaba derrochar en sus propios intereses mientras su esposa e hijos aprendían a vivir con menos. De vez en cuando, toda la familia se beneficiaba de su egoísmo, como cuando se compró el mejor televisor. Pero la mayor parte del tiempo, el dinero que gastaba era únicamente para su disfrute personal.

La madre de Sandra trataba de complacer a su esposo, y ella aprendió a aceptar y mantener la boca cerrada para evitar su aguda crítica. En un mal día, la madre de Sandra se encerraba en el baño llorando mientras el resto de la familia fingía que todo estaba bien. (Los episodios de llanto probablemente ocurrían después de un par de bebidas secretas). La familia cenaba sin ella, lo que era difícil para Sandra. Le dolía el estómago por la tensión y ansiedad. Pero sabía que si no dejaba limpio su plato, su padre la obligaría a sentarse allí toda la noche hasta que se lo comiera todo.

Una noche, cuando Sandra tenía ocho años, el padre salió por la puerta, se divorció de su madre y se casó con su novia del instituto. Cuando se fue esa noche, le dijo a Sandra: "Cuida bien de tu madre y tu hermano pequeño". Luego, cerró la puerta y salió de sus vidas.

El padre no fue el único que cerró una puerta esa noche. Sandra también cerró la puerta a la niña de ocho años que era y se convirtió en una adulta en el cuerpo de una niña. Después de todo, ahora tenía dos hijos que cuidar: su hermano de cuatro años y su madre.

Sandra perdió no solo a su padre y madre, sino también a sí misma. Sandra tenía un corazón huérfano. Su sistema de creencias interno ahora se basaba en un núcleo de mentiras:

- Mi valor se basa en lo que hago (rendimiento), no en quién soy (identidad).
- Soy responsable de satisfacer las necesidades de los demás, excluyendo las mías.
- Mis límites son débiles. Digo sí cuando quiero decir no.
- Debo ganarme tu amor y respeto, aunque no tengo nada para mí.

- Me encuentro repitiendo el trauma de mi infancia al elegir relaciones que me son familiares, abusivas, ya sea química, emocional o sexualmente.
- Me he convertido en mi propia abusadora, porque al tener que cuidar a mi madre, a mi hermano y a todos los demás, nunca aprendí a amarme a mí misma.

En los años que siguieron, Sandra rara vez veía a su padre. Era como si su primera familia ni siquiera existiera. Su madre se volvió alcohólica funcional durante la semana para poder mantener un trabajo. Los fines de semana, sin embargo, eran una historia diferente. Era tiempo de fiesta. Con frecuencia traía hombres a casa con ella, y Sandra lo odiaba. Algunos se quedaban unos meses, pero siempre terminaban de la misma manera — mal. A veces, los hombres intentaban acercarse a ella. Se volvió hipervigilante, siempre en la habitación para tratar de mantenerse a salvo.

Estaba totalmente agotada de estar "alerta" todo el tiempo. Ella nunca aprendió a descansar.

Como adulta, Sandra está luchando internamente. Ella se cuestiona a sí misma y a Dios. Es difícil para ella saber lo que siente y pedir lo que necesita. Teme el rechazo y el abandono, pero sus paredes no permitirán que nadie la vea o la conozca. La verdad es que ella ni siquiera sabe quién es. Ella usa una máscara y, por lo tanto, incluso se abandona a sí misma. Está cansada de ser la que siempre tiene que ceder (no puede decir que no), y tiene que ser responsable y tener el control. Ella es su peor crítica, sin gracia a la vista.

En el pasado, Sandra siempre terminaba sacando las mismas conclusiones: "Así es como soy. Si conocieras mi verdadero yo, no te agradaría. Después de todo, tampoco me gusto a mí misma. Estoy agotada de actuar e intentar ser perfecta para evitar las críticas. Ni siquiera sé quién soy realmente ni a dónde pertenezco. Juré que nunca sería como ninguno de mis padres, pero me encuentro actuando como ellos".

Pero ahora, Sandra está lista para dar un valiente paso de rendición, para volver a su casa: "Dios Padre, búscame y encuéntrame. Llévame, Papá, y déjame sentir tu amor. ¿Por favor? Me he dado cuenta de que nunca descubriré quién soy sin ti. Eres mi única esperanza."

Ahora que Sandra está lista para entregar su falso yo y redescubrir su verdadero yo, el Padre la guiará hacia su dolor original, que en realidad comenzó mucho antes del divorcio. Al viajar a casa a su pasado, quitarse la máscara, encontrarse con su verdadero yo y caminar valientemente a través de todo el dolor, la vergüenza, la ira y el dolor, descubrirá la verdad de quién es ella como hija de Dios. Al reconocer la historia de su vida, desde la concepción hasta el presente, se dará cuenta del costo de no experimentar el amor, el afecto, la atención, la orientación y el modelo parental que necesitaba Aunque Sandra físicamente tenía una madre y un padre, quedó huérfana, con todas las heridas de un corazón huérfano.

Sandra puede no sentir mucho acerca de su infancia. En realidad, puede sentirse entumecida y vacía. Pero, justo detrás de las paredes que ella levantó como una niña para protegerse del dolor, está toda la emoción que nunca quiso sentir. Detrás de las paredes están no sólo todas las historias que esperaba olvidar, sino también nuevas revelaciones sobre su infancia que nunca consideró.

PROFUNDIZAR

Las adicciones son comunes en familias disfuncionales, con la mayoría de las investigaciones innovadoras basadas en la familia alcohólica. Hoy también encontramos la misma correlación con las adicciones a la comida, las drogas (prescritas o ilegales), la pornografía, el sexo, las relaciones, el juego, las redes sociales y el abuso, por nombrar algunos. Cuanto más presentes estén en la familia de origen, más perdido estará el niño. Irónicamente, cuando el niño crece y se niega a reconocer y buscar la curación de todo el dolor de su infancia, generalmente comenzará a aliviar el dolor no resuelto en su interior con sus propios medicamentos de elección. El ritmo continúa, y otra familia producirá otra generación de niños que están llorando por amor.

En la familia de origen de Sandra, ella perdió su voz, sus sentimientos y su confianza. Para que Sandra sane, tendrá que sentir dolor. No puede haber curación mientras su corazón y sus emociones estén entumecidos y desconectados en su relación con Dios, con ella misma y los demás.

Detengámonos aquí por un momento. Silencia el ruido del mundo que te rodea y reconoce la presencia del Padre contigo (ya sea que sientas que está aquí o no). Imagina que le estás haciendo las siguientes preguntas a tu corazón. (Nota: no estamos buscando respuestas bien pensadas, sino una respuesta relacionada con los sentimientos, siempre que sea posible).

¿Qué tan difícil es para mí sentir sentimientos positivos?
Amor. Esperanza. Gozo. Paz. Confianza. Pertenencia. Satisfacción. Compasión. Conexión.

¿Hasta qué punto me identifico y siento sentimientos dolorosos?
Ira. Miedo. Ansiedad. Culpa. Vergüenza. Tristeza. Rechazo. Soledad. Vacío. Que no valgo la pena. No soy amado. Soy defectuoso..

¿Con qué frecuencia me siento simplemente *adormecido*, existente, pero nunca realmente vivo?

Tómate los siguientes cinco a diez minutos (o más, si es necesario) para reflexionar sobre los recuerdos de tu infancia cuando crecías en tu familia de origen. Calma tu mente, corazón y alma con una oración que invita al Padre a venir y sanar. Nos gusta rezar algo como esto.

ORACIÓN PARA SANAR RECUERDOS DE LA INFANCIA

Dios Padre,
Te invito a volver a mi pasado para encontrar y sanar las piezas rotas que hay dentro. Gracias, porque el tiempo no te detiene. Deseas sanar la casa dentro de mí que durante mucho tiempo estuvo sellada y abandonada. Padre, te doy permiso para abrir la puerta de mi corazón y abrir todas las ventanas. Deja que el viento fresco de tu Espíritu comience a soplar. Jesús, abre todas las persianas para que la "Luz del Hijo" de tu amor entre en cada habitación de mi alma. Porque donde está tu luz, Jesús, no puede haber oscuridad. Amén.

Medita sobre recuerdos en diferentes edades, cuando sentías sentimientos positivos. . . . luego, cuando sentías sentimientos negativos . . . luego, los momentos en que te quedabas adormecido. Donde tus recuerdos o sentimientos están bloqueados, pídele al Señor que derribe los muros para que puedas conectarte. Si algunos recuerdos son demasiado dolorosos, ve tan lejos como sientas que puedes. Sin embargo, también deberás estar de acuerdo con el Padre para permitirle que te lleve más profundo cuando te diga que estás listo. Él nunca violará tus límites; pero recuerda, Jesús tiene una historia de apriciones en habitaciones con puertas cerradas (Juan 20:19), y eso es algo muy bueno.

[Nota: puede ser útil volver a los capítulos 7 y 8, y orar a través de cualquier mecanismo de defensa (páginas 106–11), votos (112–13) o mentiras (133), que te impiden conectarte con los recuerdos y sentimientos de tu niño interior.]

Sandra, en medio de pasar tiempo poniéndose en contacto con sus sentimientos y recuerdos de la infancia, comenzó a escribir una conversación bidireccional con Dios. Este es un excelente ejemplo de llevar la disciplina espiritual de escribir a Dios un paso más allá (y profundizar) al hacer que "le escriba de nuevo". Después de escribir una pregunta o pensamiento, escucha en tu espíritu los pensamientos del Padre y escríbelos. Continúa este proceso grabando el diálogo entre tú y Dios. Muchas veces, los pensamientos que vienen a ti, no solo te sorprenderán, sino que también te desarmarán de una buena manera.

No descartes los pensamientos que vienen a ti con "Ese no fue Dios, solo fui yo". Simplemente, continúa escribiendo las impresiones que tienes como la voz tranquila y apacible de Dios. Por supuesto, sus pensamientos siempre coincidirán con las Escrituras y su corazón de amor por ti.

Una Conversación con Dios

Aquí está la conversación de Sandra. (Hay un "momento de Dios" debajo, donde la respuesta de Dios me deja sin aliento [a Denise]. Te diré cuál es más tarde, pero mira si también te das cuenta).

Padre, aquí estoy, en la puerta que cerré hace tanto tiempo. Está oscuro por dentro y tengo mucho miedo de abrirla.
Estaré aquí contigo.

Sé que debería confiar en ti. Sé que estás para mí. Entonces, ¿por qué hay tanta batalla en mí para correr y esconderme? ¿Por qué me cuesta tanto abrir la puerta?
Porque la herida es profunda . . . y enfrentarla significa cambio. Está en el centro de quién crees que eres. Pero quiero mostrarte quién eres realmente.

¿Qué pasa si me duele más ver lo que he perdido?
Nada se pierde conmigo. Soy Redentor y Restaurador. No malgasto nada.

Dolerá.
Así será.

No me gusta el dolor. Lo evito a toda costa. No quiero ver qué hay dentro. No quiero recordar lo que he intentado tanto olvidar.
El dolor será solo por el tiempo que sea necesario, ni un momento más. "el llanto puede durar toda la noche, pero a la mañana vendrá el grito de alegría." (Salmo 30: 5 NKVJ).

No quiero quedar atrapada en estos recuerdos dolorosos.
Ya lo estás.
Hija mía, te pido que confíes en mí y me dejes curar tu corazón.

De acuerdo, Padre, abriré la puerta. "Aunque [tú] me mates, confiaré en ti" (Job 13:15 NKJV).
No te mataré, hija mía. Te curaré. Abre la puerta a tu corazón que la vergüenza ha cerrado y dime lo que ves.

La habitación está oscura. Estoy asustada. Por favor no me dejes.
Estoy justo aquí a tu lado. No tengas miedo. Nunca te dejaré, mi preciada. Toma mi mano. Estoy contigo- SIEMPRE.

(Mi respuesta del momento de Dios: la verdad de Dios perfora el mejor argumento de Sandra cuando dice: "No quiero quedarme atrapada en estos recuerdos dolorosos", y Dios responde: "Ya lo estás". ¡Cuán poderoso es eso!)

Inversión Parental y Compañero Sustituto

La inversión de los padres ocurre cuando un niño asume la responsabilidad de cuidar a un padre porque el padre no está dispuesto o no puede cumplir el papel de padre.

El compañero sustituto es una forma más seria de inversión parental en la que el niño y el padre desarrollan un vínculo poco saludable. El niño se convierte en el apoyo emocional, el confidente y la comodidad para el padre.

La Historia de Josh

Josh creció en una familia adictiva y sexualizada. Su padre era adicto al trabajo y adicto a la pornografía y al sexo. Guardaba la pornografía en el estante de revistas en la sala de estar, y cuando Josh finalmente se comprometió para casarse, su padre le aconsejó "poner la semilla" antes del matrimonio para asegurarse de que su prometida fuera la adecuada para él.

La madre de Josh era adicta a la comida y era bastante impúdica en el hogar. Y el hermano menor de Josh también luchaba con las adicciones desde su adolescencia.

El padre de Josh tenía un problema de ira. Nadie sabía cuándo vendría la explosión. En un minuto o dos, todo terminaba para su padre, pero no para Josh. Interiorizó el miedo y la vergüenza que sentía, y se volvió muy ansioso cuando era niño. Todavía lucha con esta ansiedad hoy en día, especialmente cuando siente que no está a la altura.

Al principio de la infancia de Josh, por lo que puede recordar, sintió pena por su madre. Se dio cuenta de que era infeliz e intentaba encontrar formas de ayudarla en la casa para que se sintiera mejor. Limpiaba los pisos, quitaba el polvo, horneaba y hacía cualquier otra cosa que pudiera ayudar. Sentía la necesidad de protegerla. Cuando su padre y su madre discutían, él se interponía entre ellos, siempre poniéndose del lado de su madre y diciéndole a su padre: "¡Basta! ¡Deja de gritar!" A menudo, ella alababa a Josh por lo que hacía por ella, y eso lo hacía sentir querido y especial.

Con el tiempo, la madre de Josh comenzó a abrirse más a él y a compartir sus sentimientos con él, a menudo sobre su relación con su padre. Estas confidencias secretas construyeron un estrecho vínculo entre Josh y ella. Mientras ella le confiaba a él varias cosas, él se sentía bien de poder estar allí para ella. Sin embargo, para cuando estaba en la escuela secundaria, y especialmente después de que se fue de casa, su necesidad comenzó a sentirse "asquerosa" (no es un término muy técnico, sino una descripción poderosa). Quería decirle que dejara de confiarle cosas, pero temía herir sus sentimientos. Entonces tendría que consolarla aún más.

Con el padre de Josh distante y enojado, y la madre demasiado cerca y necesitada, Josh no tenía a nadie para satisfacer sus necesidades. Entonces, pronto aprendió a consolarse con la masturbación. Con su historia familiar, era casi imposible evitar una atracción generacional hacia una adicción de algún tipo.

Ahora a los treinta y cinco años, Josh está experimentando una mayor ansiedad y ataques de pánico ocasionales — algo que nunca antes había experimentado.

Después de que Josh se casó, la conexión entre él y su madre continuó. Racionalizó que no tenía nada de malo — simplemente estaba honrando a su madre, como las Escrituras decían que debía hacerlo. Sin embargo, no pasó mucho tiempo antes de que su esposa se enojara y se sintiera herida. "Tu madre es más importante para ti que yo. ¿Con quién estás casado? ¿Ella o yo?"

Los problemas entre Josh y su esposa costaron aún más, porque Josh no solo estaba invertido por los padres sino que también estaba enredado con su madre. Como su compañero sustituto, no pudo "dejar a su madre y unirse a su esposa". La inversión y el enredo parental sin sanar lucharán contra el matrimonio de una sola carne diseñado por Dios. Cuando el esposo y la esposa pueden descansar en el corazón del otro, entonces ellos, como pareja, pueden descansar más fácilmente en el corazón del Padre.

Ni Josh ni su esposa se dieron cuenta de que había otra persona en su matrimonio — su madre. La intimidad poco saludable de Josh con ella en el pasado estaba creando un bloqueo en el presente para una intimidad saludable entre Josh y su esposa, y su relación con Dios.

La Historia de Madison

Los padres de Madison se divorciaron cuando ella tenía ocho años. Ella y su hermano, que era tres años menor, vivieron con su madre desde ese momento. El padre de Madison había sido infiel en el matrimonio, lo que finalmente llevó al divorcio.

Después del divorcio, el padre de Madison se mudó fuera del estado, por lo que rara vez lo veía. Su madre se deprimió bastante, y Madison, incluso a los ocho años, comenzó a asumir cada vez más responsabilidades. Ella comenzó a cuidar a su hermano y hacía más tareas domésticas. Si su madre estaba molesta, Madison estaba allí para consolarla. Aunque había momentos en los que quería salir y jugar con sus amigos, estaba orgullosa de sí misma de poder involucrarse en casa. A menudo era elogiada por ser una "niña adulta".

Después de dos años, su madre salió de la depresión, pero Madison continuó en sus roles en casa y aún se sentía responsable de su madre. Cuando Madison tenía doce años, su madre se volvió a casar. A Madison no le gustaba su padrastro y cerró su corazón. Odiaba a su propio padre por abandonarlos y proyectaba su ira y resentimientos sobre su padrastro. Su madre centró su atención en hacer que su matrimonio funcionara, así que, en muchos sentidos, Madison también perdió a su madre.

En la escuela secundaria, Madison se sumergió en sus estudios y en los deportes. Ella interactuó con su padrastro lo menos posible y no podía esperar para terminar la escuela secundaria y mudarse a una universidad lo más lejos posible.

La Historia de Rita

Rita creció como la hija del medio. Desde temprana edad, no se sentía cercana a su madre, que era exigente, crítica y no tenía paciencia para lidiar con los "altibajos" emocionales de Rita, como los llamaba. Rita nunca se sintió estimulada por ella. Le mostraron poco afecto y nunca escuchó a su madre decir: "Te amo". Si Rita le preguntaba directamente a su madre si la amaba, su madre decía: "Esa es una pregunta estúpida. Ya sabes la respuesta". Lamentablemente, la verdad es que Rita no sabía la respuesta y nunca sintió el amor de su madre.

El padre de Rita era más tranquilo, pasivo y no confrontativo, especialmente con su esposa. Incluso cuando la madre de Rita se molestaba con él y, a veces, lo atacaba verbalmente, evitaba decir cualquier cosa que pudiera enojarla más. Se retiraba emocional y físicamente para darle espacio y tiempo para calmarse. Aunque Rita había empezado a resentirse con su madre por desquitar sus frustraciones con ella, odiaba aún más cuando atacaba a su padre.

Rita y su padre desarrollaron un estrecho vínculo entre ellos. Como ambos eran víctimas de abuso emocional y verbal, descubrieron que podían consolarse emocionalmente cuando cualquiera de ellos era el blanco de las diatribas de su madre. A Rita y su papá también les gustaba acurrucarse y mirar películas. Simplemente disfrutaban estar juntos durante esos momentos. Descubrieron que podían compartir cualquier cosa entre ellos, especialmente porque ambos se sentían seguros en su relación.

Su madre era el enemigo común, y ninguno de los dos quería confrontarla. Ambos estaban de acuerdo: "Así es ella". Ninguno de los dos aprendió a establecer límites con ella ni a confrontarla para obtener el asesoramiento que necesitaba.

El Impacto de la Inversión Parental y el Compañero Sustituto

La cuestión central en la inversión de los padres es que un niño le da a los padres en lugar de recibir lo que los padres deberían dar al niño. El niño pierde el amor, el afecto, un sentido de pertenencia, protección y la orientación emocional y espiritual que son esenciales en el desarrollo. Cuando estas necesidades fundamentales no se establecen en el niño, a menudo lucharán más adelante en la vida para recibir el amor de los demás, incluido Dios, y verdaderamente poder amarse a sí mismos. Han trabajado tan duro para servir a los padres y a los demás, que a menudo tienen dificultades para identificar sus propias necesidades, deseos y anhelos.

Al mirar hacia atrás en tu infancia, puedes sentirte confundido y responder: "Pero mi madre y yo éramos cercanos, y sé que ella me amaba y me apreciaba". Como consejeros, contestaríamos: "Sí, tu madre te amaba, pero no reconocía que las cosas estaban invertidas y fuera del orden de Dios. Se suponía que eras la niña, y se suponía que ella era la adulta. Había muchas cosas que necesitabas de ella, pero, en lugar de eso, tú le estabas dando y ella te estaba quitando. El amor iba por el camino equivocado. Debido a que no recibiste lo que necesitabas de ella cuando eras niña, te has movido por la vida con un 'déficit de amor'. Hay una parte más joven de ti que todavía clama para que se cubra ese déficit, y tú como adulto estás reaccionando a esa necesidad. Es una herida llena de miedo, vergüenza y autosuficiencia que debe ser curada. Debes enfrentar la realidad de que perdiste gran parte de tu infancia."

El compañero sustituto existe cuando un padre depende de un niño para recibir apoyo emocional. El niño — a menudo del sexo opuesto, aunque no necesariamente — se convierte en un confidente y una fuente de consuelo para el padre. Esta comodidad puede, a veces, también incluir un aumento en el contacto físico (sosteniendo) y, en algunos casos, dormir juntos. Sin embargo, no tiene que avanzar a ser físico o sexual para causar un daño significativo para el niño o la niña. Como leíste en la historia de Josh, él comenzó a sentir pena por su madre, ya que ella no estaba contenta con su matrimonio. Él comenzó a asumir su carga, que no era suya y no tenía que cargarla. Su madre comenzó a compartir más con él, particularmente con respecto a su esposo (el padre de Josh), cosas que eran inapropiadas para él.

Todos los síntomas adultos de la inversión parental se aplican a la pareja sustituta, pero el impacto va más allá. Hay confusión y un conflicto interno en el niño que se desarrolla a un nivel profundo y a menudo inconsciente.

Estos síntomas incluyen:
- miedo central y ansiedad
- estar cansado con frecuencia, pero resulta difícil "descansar en el interior"
- sentir la necesidad de mantener las cosas en orden y bajo control, lo que impide que otros tengan voz y contribuyan
- tener problemas para conectarse con los propios sentimientos y, a veces, con los sentimientos de los demás
- tener dificultades para confiar en los demás y en Dios, a menudo sintiendo y actuando con una necesidad de intervenir, especialmente cuando se ha cometido un error o hay que solucionar un problema.[46]

PROFUNDIZAR

A medida que comienzas a profundizar en tu propia infancia, detengámonos un momento e invitemos al Padre a este proceso: "Padre, por favor, revela las formas en que podría haber estado demasiado cerca de mi madre o mi padre (o de mi propio hijo o hija). Ahora me doy cuenta de que podría haberme perdido al satisfacer sus necesidades. Quiero ver lo que ves y sentir lo que sientes. Donde he estado en negación, te pido que reveles la verdad para que pueda ser curado y libre para convertirme en todo lo que tú me creaste para ser".

(Nota: Si te sentiste emocionalmente conmovido mientras leías las historias anteriores, regresa y resalta las partes que te legaron. Esto puede ayudarte a medida que respondes a las siguientes preguntas).

Repasa detenidamente cómo eran las cosas cuando eras niño y el tipo de relación que tenías con tu madre y tu padre. ¿Alguna de ellas difería de la relación que tus hermanos tenían con ese padre, y si es así, cómo? ¿Alguien ha mencionado alguna vez una preocupación u observación con respecto a tu relación con uno de tus padres que no sea saludable o equilibrado?

¿Alguna parte de las historias que leíste se aplicó a ti cuando eras pequeño? Si es así, ¿cómo te ha afectado negativamente? ¿Cómo te ha afectado en tu relación actual con tu madre o tu padre? ¿Te sientes más joven o más infantil con tus padres? ¿Eres capaz de comunicar límites y patrones saludables en la relación con tus padres y otras personas?

Miremos las historias que hemos compartido desde una perspectiva diferente. ¿Te ves como la madre o el padre en alguna de estas historias? ¿Te ves a ti mismo ahora o en el pasado permitiendo que tu propio hijo asuma roles que no le corresponden? Si la respuesta a estas preguntas es sí, ¿qué cambios deseas hacer con tus propios hijos?

En última instancia, como con la mayoría de las heridas, una persona invertida por los padres no se ama a sí misma, aunque puede que no tenga idea de que este es el caso. La curación para la inversión parental o el compañero sustituto requiere tratar con el niño herido emocionalmente y también apartarse de las mentiras que el enemigo ha fortalecido con el tiempo. Esto sólo puede ocurrir por la presencia y el poder de Dios, quien es el verdadero sanador. Sabemos que la curación de esta área es definitivamente posible. Lo hemos visto suceder en nuestras propias vidas y en el matrimonio, y en la vida de muchos otros.

ORACIÓN SANADORA PARA LA INVERSIÓN PARENTAL Y COMPAÑERO SUSTITUTO

Padre, reconozco que asumí un papel de niño que no era mío. Me convertí en padre cuando era solo un niño, y necesitaba que mi madre y mi padre fueran padres. Y, Señor, donde asumí el papel de un cónyuge con mi madre o mi padre, y desarrollé una cercanía o vínculo que nunca debería haber existido, ayúdame a ver cómo me ha afectado negativamente a mí y a mis relaciones más cercanas. No es el orden que pretendías, y debido a esto, me ha costado mucho.

Necesitaba cosas importantes que no recibía y, en muchos sentidos, perdí mi infancia. Padre, esto ha sido costoso para muchos otros en mi vida, y me ha hecho callar mis sentimientos — mi corazón. También me ha hecho hacerme cargo y ser más controlador e insensible con los que me rodean. Señor, perdóname por asumir un papel de padre que no era mío cuando era niño. Perdóname por las formas en que he lastimado a otros como resultado. Te agradezco tu perdón y me perdono a mí mismo.

Señor, te pido que rompas los lazos no saludables, o los lazos del alma que existen entre mi mamá, mi papá y yo, y que me devuelvas todo lo que tú me creaste para ser. Ven a esos lugares profundos donde existen la vergüenza, el miedo y la autosuficiencia, y sana lo que solo tú puedes sanar. No quiero tener el control. Me libero de esa necesidad y te lo dejo a ti. Hazme dependiente de ti. Muéstrame las necesidades, deseos y anhelos dentro de mí que se han apagado.

Ven y encuentra a ese niño pequeño dentro y ayúdame a ver lo que ves, y a sentir lo que sientes por mí. Padre, este niño necesita ser niño otra vez. Despierta esas partes en mí que necesitan volver a la vida y lleva a este niño a descansar en tus brazos. Elijo confiar en ti con este niño dentro y también conmigo hoy, y te pido que traigas tu presencia sanadora. Rezo todo esto en el nombre de tu Hijo, Jesús. Amén.

Cerrar Un Ciclo: De Vuelta a Casa con el Padre Pródigo

Para el hijo descarriado, la curación comenzó yendo a casa con el Padre. Y, al igual que el hijo, nosotros también debemos viajar de regreso a casa para comenzar el proceso de sanar nuestro corazón herido.

El hijo se fue de casa con una visión distorsionada de su Padre: Dios. Era diferente al dolor que estaba causando con su ira, egoísmo, obstinación y orgullo. El hijo tenía un agujero en su alma que pensó que podría llenar con placer y extravagancia mundanos. Pero cuando el hijo llegó al final de su camino, de sí mismo, la única extravagancia que necesitaba era el amor del Padre.

Como muchos de nosotros, juzgamos a Dios desde el lugar de nuestras heridas. Y no es casualidad que en nuestra propia pobreza y debilidad, nuestro quebrantamiento y desesperación, descubramos que el Padre, a quien juzgamos mal, es nuestro mayor admirador. Cada vez que su generoso amor golpea una herida en nosotros, comenzamos a sanar, no en un instante, sino a través de un viaje de autodescubrimiento y descubrimiento de la verdad.

Les decimos a nuestros clientes que hay tres preguntas para que trabajen juntos con Dios:

1. "¿Qué?" (¿Qué sucedió que no debería haber sucedido y qué no sucedió que debería haber sucedido?)
2. "¿Y qué importa?" (¿Importaba? Le pedimos al cliente que le diga al Padre: "Si fue un gran problema para ti, quiero que sea un gran problema para mí".
3. "¿Y ahora qué?" (Al dejar que Dios revele la historia de tu pasado a través de sus ojos, podrás ver la verdad, llorar tus heridas, perdonar a los demás y a ti mismo, y convertirte en el auténtico y verdadero ser que el Padre quería que fueras).

Una Palabra de Aliento

En conclusión, te dejamos con estas sabias y alentadoras palabras de Henri Nouwen:

> Has sido herido de muchas maneras. Cuanto más te abras a ser curado, más descubrirás cuán profundas son tus heridas. Serás tentado para desanimarte, porque debajo de cada herida que descubras encontrarás otras. Tu búsqueda de una verdadera curación traerá dolor. Será necesario derramar muchas lágrimas. Pero no tengas miedo de tu viaje de curación. Tu padre te ha hecho más consciente de tus heridas del pasado, y eso significa que también te ha dado la fuerza suficiente para enfrentarlas.

EL MANDAMIENTO PERDIDO: ÁMATE A TI MISMO

El gran desafío es vivir tus heridas en lugar de pensarlas. Es mejor llorar que preocuparte, mejor sentir tus heridas profundamente que comprenderlas, mejor dejarlas entrar en tu silencio que hablar sobre ellas. La elección a la que te enfrentas constantemente es si te llevas las heridas a la cabeza o al corazón. En tu cabeza puedes analizarlas, encontrar sus causas y consecuencias, y encontrar palabras para hablar y escribir sobre ellas. Pero no es probable que la curación final provenga de esa fuente. Necesitas dejar que tus heridas caigan en tu corazón. Entonces, puedes vivirlas y descubrir que no te destruirán, porque tu corazón es más grande que tus heridas.[47]

EPÍLOGO

A Nuestros Lectores: *Gracias*

Estamos bendecidos de que hayas recorrido con nosotros este camino de curación. Es un viaje que vale la pena la molestia y vale la pena el riesgo. Para finalizar, deseamos compartir con ustedes, una vez más, una verdad básica, pero profunda: Dios está contigo. A lo largo de tu viaje hacia la curación, la integridad y la vida, ten la seguridad de esto:

Dios está aquí. Ahora mismo. De tu lado. A tu lado. Su brazo te rodea. Él está buscando activamente ayudarte y nunca, nunca, te abandonará. Él está mirando contigo tus dificultades, tus preguntas, tus luchas. Son tú y él juntos. Él es una ayuda que está siempre presente ante los problemas. Él es un apasionado TUYO — el deleite y el orgullo de su vida.

Estas son buenas noticias. Increíblemente buenas noticias. Esto, queridos amigos, es el verdadero evangelio.

Y ahora permanecen la fe, la esperanza y el amor, estos tres; pero el mayor de ellos es el amor. (1 Corintios 13:13)

FUENTES

Notas Finales

1. Beth Moore, *Breaking Free* (Nashville: Broadman and Holman, 2000), 197.
2. John Eldredge, *Waking the Dead* (Nashville: Thomas Nelson, 2003), 211-212.
3. Alfred Ells, *One-Way Relationships Workbook* (Nashville: Thomas Nelson, 1992), 13.
4. Henri Nouwen, *The Inner Voice of Love* (New York: Doubleday, 1996) 78-79.
5. Mike Mason, *The Mystery of Children* (Colorado Springs: WaterBrook Press, 2001) 176-177.
6. John Eldredge, *The Way of the Wild Heart* (Nashville: Thomas Nelson, 2006).
7. For a detailed account of her story, see http://www.passionatehealthonline.com/letter_teresa.html.
8. Donald Miller, *Father Fiction*, (New York: Howard Books, 2010), 38-39.
9. For more information see http://www.fathersloveletter.com/text.html.
10. Mike Bickle, *The Pleasures of Loving God*, (Lake Mary, FL: Creation House, 2000), 68-69.
11. James Bryan Smith, *The Good and Beautiful God*, (Downers Grove, IL: Intervarsity Press, 2009), 121.
12. Abraham Joshua Heschel, *God in Search of Man*, (New York: The Noonday Press, 1983), 74.
13. S. J. Hill, *Enjoying God*, (Lake Mary, FL: Relevant Media Group, 2001), 90–91.
14. Miller, *Father Fiction*, 47.
15. Ibid. 49-50.
16. Julianne Maki and Mark Maki, *Christian Adults in Recovery* (Brea, CA: self-published, 1992), 95–96.

17. David Stoop, *Making Peace with Your Father* (Wheaton, IL: Tyndale House, 2004), 150-151.
18. Miller, *Father Fiction*, 35-36.
19. Roland Warren, interview by Matt Lauer, *NBC Today Show*, June 11, 2010.
20. Miller, *Father Fiction*, 38.
21. Jack Frost, *Experiencing the Father's Embrace* (Lake Mary, FL: Charisma House, 2002), 112–113.
22. Henri Nouwen, *Life of the Beloved* (New York: Crossroad Books, 1992), 93–95, 100–101.
23. John Eldredge, *Wild at Heart* (Nashville: Thomas Nelson, 2001), 128–129.
24. 24 John and Paula Sandford, *The Transformation of the Inner Man* (Tulsa: Victory House, Inc., 1982), 191-205.
25. Maki and Maki, *Christian Adults in Recovery*, vii.
26. Judy Emerson, *In the Voice of a Child* (Nashville: Thomas Nelson, 1994), 71-72.
27. CharlesWhitfield, MD, *Healing the Child Within* (Deerfield Beach, FL: Health Communications, Inc., 1989), 46–47.
28. Chester and Betsy Kylstra, *An Integrated Approach to Healing Ministry* (Kent, England: Sovereign World, 2003), 130–133.
29. John Bradshaw, *Homecoming* (New York: Bantam Books, 1990), 47–49.
30. Elizabeth Kubler-Ross, *On Death and Dying* (New York: Scribner, 1969), 263-264.
31. Neil Anderson, *Ministering the Steps to Freedom in Christ* (Delight, AR: Gospel Light, 1998), 54-56.
32. Brennan Manning, *The Signature of Jesus* (Sisters, OR: Multnomah, 1996), 100-101.
33. R.T. Kendall, *Total Forgiveness* (Lake Mary, FL: Charisma House, 2002), 162.
34. James Bryan Smith, *Embracing the Love of God* (San Francisco: Harper, 1995), 37–38.
35. St. Bernard of Clairvaux, *On Loving God*, quoted in John Eldredge, *Waking the Dead* (Nashville: Nelson Books, 2003), 213.
36. *Nelson's Illustrated Bible Dictionary* (Nashville: Thomas Nelson, 1986), PC Study Bible, V4.1A.
37. *Vine's Expository Dictionary of Biblical Words* (Nashville: Thomas Nelson, 2000), PC Study Bible, V4.1A.

38. James Bryan Smith, *The Good and Beautiful God* (Downer's Grove, IL: InterVarsity Press, 2009), 155–156.
39. David Seamands, *Healing Grace* (Wheaton, IL: Victor Books, 1988), 23–24.
40. John Lynch, Bruce McNicol, and Bill Thrall, *The Cure: What If God Isn't Who You Think He Is And Neither Are You* (San Clemente, CA: CrossSection, 2011), 27–38.
41. Ibid.
42. Lewis Smedes, *Shame and Grace* (San Francisco: Harper, 1993), 108–109.
43. Brennan Manning, *The Ragamuffin Gospel*, (Sisters, OR: Multnomah, 1990), 29.
44. Michelle Gunnin, "Child at Play." http://www.mgunnin.blog.com. July 31, 2010.
45. Portia Nelson, *Portrait of Progress*, quoted in Maki and Maki, Christian Adults in Recovery, 105.
46. Sandford, *The Transformation of the Inner Man*, 320-21.
47. Nouwen, *The Inner Voice of Love, 109-10*.

RECONOCIMIENTOS

Primero a Dios nuestro Padre: Gracias, Padre, por darnos una idea de tu corazón tangible pero insondable para nosotros y por inspirarnos a escribir este libro. Gracias por traer tus tesoros, tus hijos, al Ministerio de Consejería Cristiana Intensiva del Corazón del Padre y por confiar en nosotros con su dolor y corazones rotos. Nos sentimos honrados y honrados por tu confianza en nosotros. Estamos asombrados por la forma en que organizaste una conexión entre nosotros y las personas de todo Estados Unidos y de todo el mundo.

A nuestros clientes: Gracias por confiar en nosotros con sus corazones y vidas rotas. Sus historias nos han tocado y nos han atravesado profundamente. Nos has enriquecido con una faceta del corazón del Padre que nunca hubiéramos visto sin que nos permitieras ser parte de tu viaje de sanación y de la historia de tu vida. Nunca eres olvidado.

A nuestra hermana (Denise) Gloria: Fuiste la primera en leer (más de una vez) y opinar sobre nuestro libro. Gracias por todas tus valiosas sugerencias y tus palabras de aliento sincero. Nuestro favorito fue tu correo electrónico que decía: "He leído la página 10 y ya estoy llorando... ¡otra vez! ¡ME ENCANTA ESTE LIBRO!" Estas palabras significan más de lo que puedes imaginar.

A los miembros de nuestra junta, nuestros intercesores, nuestros amigos, nuestras familias: Gracias por su amor, sus oraciones y su aliento continuo. ¡Ustedes hacen la diferencia! Y estamos muy agradecidos por sus corazones por nosotros y por este ministerio.

www.ingramcontent.com/pod-product-compliance
Lightning Source LLC
Chambersburg PA
CBHW071352290426
44108CB00014B/1521